桁外れの結果を出す人は、人が見ていないところで何をしているのか

鳩山玲人
サンリオ常務取締役

幻冬舎

はじめに

三菱商事からサンリオへの転職、そしてキティを世界へ

2008年、私はそれまで勤めていた三菱商事を退社し、サンリオ米国法人のCOO（最高執行責任者）になりました。34歳のときのことです。

きっかけは、三菱商事からハーバードのビジネススクールに留学していた私に、サンリオ創業家の辻邦彦《つじくにひこ》副社長が「海外事業をやってみないか」と声をかけてくださったことでした。その当時、サンリオは収益が悪化して業績の低迷が続いており、辻副社長には「サンリオのビジネスに変革を起こしたい」という強い思いがあったのです。

サンリオには世界に誇れる「ハローキティ」という強力なキャラクターがありました。そこで私は辻副社長の期待に応えるべく、さまざまな企業の衣類やアクセサリー、

図表1　サンリオの営業利益と利益率

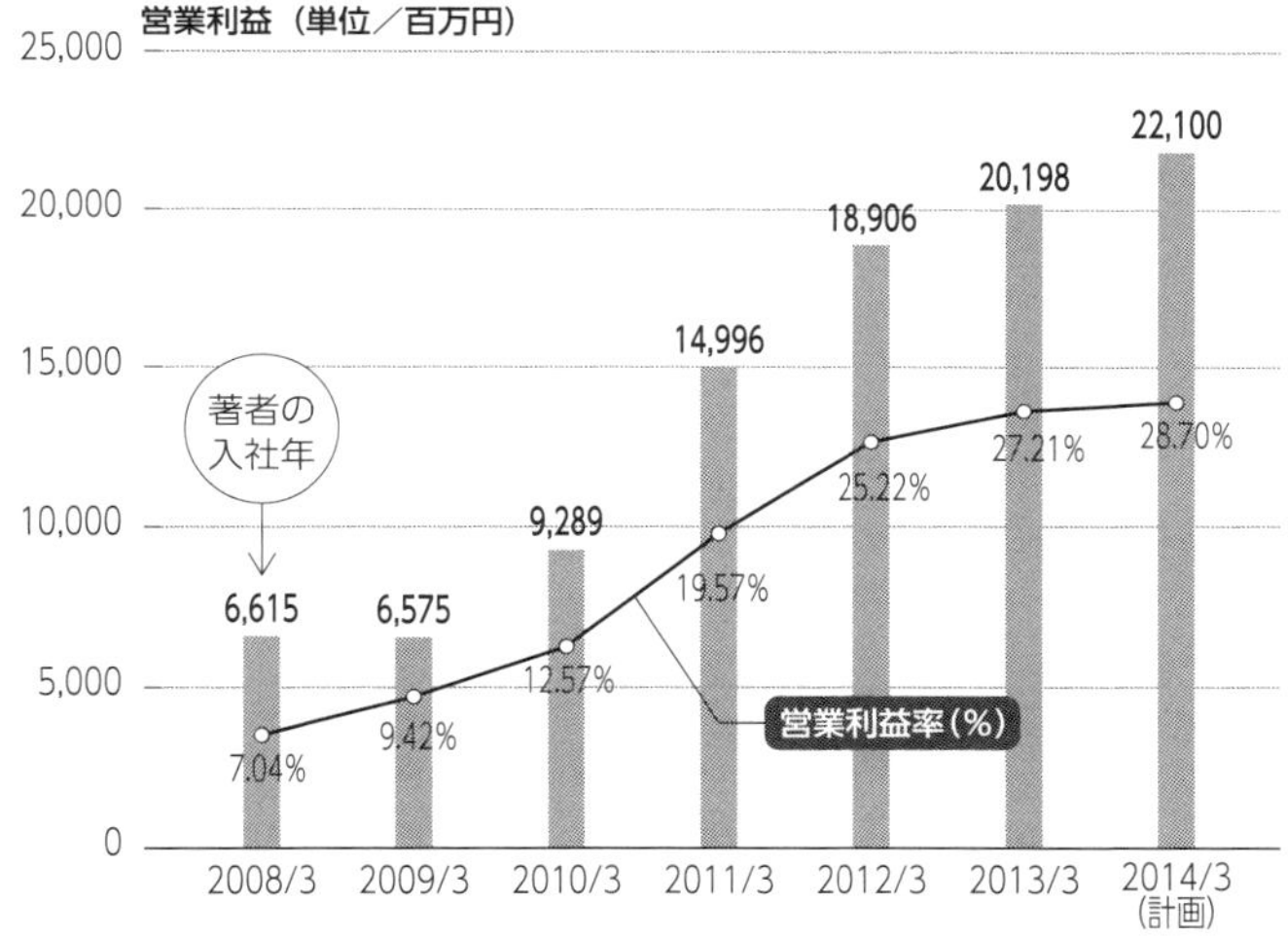

文具や雑貨、食品など幅広い分野のグッズに「ハローキティ」を使用して製造・販売できるように許諾し、その対価としてキャラクターの使用料を得るライセンスビジネスに注力。欧米でライセンス収入が大きく伸びたことで（営業利益の90パーセント以上は海外）、サンリオは業績を急激に回復させ、会社の営業利益は5年で約3倍（過去最高を更新）、時価総額は約7倍にまでなりました。

そして今では「海外で最も成功している日本のエンターテインメント企業」とまで呼ばれるほどになって

います。

2013年現在、私はサンリオの常務取締役を務めるほか、経営戦略統括本部長、海外統括事業本部長、全社統括・新体制準備室長を兼務しています。アメリカとヨーロッパを中心に海外事業を進める一方、会社の経営戦略全般にも関わり、M&A案件や新システムの導入なども牽引する立場です。

また、2013年6月より、モバイル・インターネットカンパニーのDeNA(株式会社ディー・エヌ・エー)の社外取締役も務めています。

起業家へのあこがれと、いち会社員としての矜持

30代までの私のこうした実績を、高く評価してくださる方はたくさんいます。

ただ、私自身は「まだ足りない」「まだできていない」という自分への焦《あせ》りのような気持ちのほうが強いのが事実です。

もともと、私には起業家への強いあこがれがあります。私のこれまでの仕事はあく

までいち会社員としてのものであり、起業家のようなスケールで成果を上げているわけではないという思いがあるのです。

私は、三菱商事という大企業で社会人生活をスタートしました。ハーバードへの留学も、東証一部上場企業であるサンリオへの転職も、一歩引いて見れば保守的ともいえるでしょう。ですから、サンリオの辻信太郎《つじしんたろう》社長をはじめ、創業経営者には畏敬《いけい》の念を抱いています。正直に吐露《とろ》すれば、起業家のようにリスクをとっていない自分にコンプレックスを感じることもあるのです。

しかしその一方で、いち会社員としての矜持《きょうじ》もあります。

仮に「サンリオの常務取締役」というようなポジションがなくなったとしても、ポジションをなくした瞬間に「ただの人」になるような人材にはなりたくない――。

私にとって重要なのは、ポジションではありません。**関心があるのは、会社員として与えられた環境下で、いかに人々の期待を超え、求められる以上の結果を出し続けるか**ということです。

普通の会社員だって、やり方しだいで結果は出せる

私は自分自身のこれまでの経験から、普通の会社員であっても、やり方しだいで、大きな結果は出せると思っています。

私の強みは、実は会社員としてのさまざまな経験にもとづくジェネラリストとしての力です。**それは、これまで複数の会社に勤めてきたなか、得られるチャンスをものにすることで培ってきたもの**だと思います。

世の中で働く多くの方は、私と同様に会社員の身で、さまざまな制約があるなか、日々奮闘《ふんとう》されていることでしょう。

その制約のもとで、いかに「桁《けた》外れ」といわれるような結果を出すか。

30代を駆け抜けて40代を迎えようとしている今、**私自身がどのような考え方で仕事にとり組み、チャンスをものにしながら結果を出してきたのか**を本書にまとめてみました。私の経験が、企業社会を生き抜く読者のみなさんにとって、少しでもお役に立つことを願っています。

もくじ

桁外れの結果を出す人は、人が見ていないところで何をしているのか

第1章 桁外れの結果を出す人は、人が見ていないところで何をしているのか——13

第2章 不安をうまく利用するから、結果が出せる——53

第3章 人間関係をおろそかにすると、どんな努力も無駄になる――79

第4章 今の時間の使い方が、3カ月後の仕事の実績を左右する——117

第5章 現状に満足した瞬間、成長はストップする——139

第6章 私が新人の頃から徹底してきた仕事の基本

第1章
桁外れの結果を出す人は、人が見ていないところで何をしているのか

01

新しい会社や部署に入ったら、そこにある本と資料を全部読み込む

仕事で結果を出すためには、入念な準備が必要です。

「ほかの人にはできないことをやってのける人」「仕事でどんどん成果を上げていく人」というのは、**実は人から見えないところで、できないことをできるようにするために、あるいはここぞという場面で望ましい対応がとれるようにするために、徹底的な準備をしている**のだと思います。

「結果を出す人」と「結果を出せない人」は、能力の優劣ではなく、**どれだけ準備をしたかによって差がついている**のだといってもいいでしょう。

たとえば、就職や転職で新しい会社に入ったとき、社内で異動したときに、みなさんはどんな準備をしたでしょうか？

私が三菱商事に入社したときは、**まず職場の外部環境について、入社前に一通りの情報を洗い出してチェックしていました**。

業界や競合企業の情報なら、雑誌や新聞の記事、公表されている財務データなどリソース（資源）は山ほどあります。自分が入る会社の売上や利益、自分が配属される部署の社内での位置づけなども、その気になればいくらでも調べられます。**入社初日には、外部から得られる情報は一通り頭に入っていました**。

入社後は、部署内にある本や資料すべてに目を通しました。**周囲の人がみんな帰った後、会社に居残りして、キャビネットに並んでいる分厚いファイルや書籍などを読み漁《あさ》ったのです**。これは、**自分がこれから仕事をしていく領域について学ばなければならないことを、できるだけ早く身につけるため**です。

その後も、出向や転職などで新しい職場に入ったときは、いつも同じようにあらゆる情報源にあたってきました。

自分の仕事に必要な情報、結果を出すための事前準備として学んでおくべきことというのは、**実は目の前にたくさんある**のだと思います。

ところが多くの人は、情報が目の前にあって、いつでも目を通せる状況にあるのに「必要になったら調べよう」「そのうち時間をかけて勉強しよう」というように後回しにしてしまいがちです。

そして、仕事の全体像を見通すための基礎知識がないまま、指示された仕事をいわれた通りにこなしたり、「上司から怒られないように」という発想で、一つの仕事の完成度を高めることばかり考えるようになっていくのです。

仕事の全体像を見通し、指示された仕事が組織のなかでどんな意味を持っているか、上司が自分に期待していることは何かを的確につかむためには、自分が置かれている環境やとり組むべき仕事の全体像を理解しておく必要があります。そのために情報を収集することは、よい仕事をするための準備として欠かせません。

みなさんの目の前にも、実は貴重な情報が目を通されないまま、積み上げられていないでしょうか。**「必要なときに見よう」「時間があるときに勉強しよう」と思って放置しているなら、今すぐすべてを頭に入れたほうがいいと思います。**

「夜中に会社に残って資料を読んでいた」というと、「残業してまで勉強するのか」と思う方もいるかもしれません。

しかし、当時の私には「残業している」という意識はなく、また残業を申請するわけでもなく、趣味のような感覚で楽しんでいました。それは、**人より一歩でも二歩でも先に進んでいくために必要な準備であって、私にとって未知の資料を読んで新しい知識を得る時間はとても楽しいもの**だったからです。

会社で働くことを「自分の意に反して労働し、対価としてお金を得ることだ」と考えている人は、会社にいる時間を「拘束《こうそく》」と感じるでしょう。社会人になると、こうした考え方にとらわれる人が少なくないように思います。

しかし、ここで学生時代の勉強やクラブ活動のことを思い出してください。何らかの結果を出すためには、時間を費やして足腰を鍛える準備が必要なものです。そして、そのために努力した時間を「拘束されている」と思ったことはなかったはずです。それどころか、自分の基礎力が高まっていくことに喜びを感じていたことでしょう。

仕事にも同じような考え方で主体的にとり組めば、「準備」はあなたにとって楽しく、やりがいのあるものになるはずです。

傍《はた》から見て、飄々《ひょうひょう》として結果を出しているように見える人に対し、「あいつは運がいいから」などと言う人がいますが、「準備」なしでうまくいっている人はいないと私は思っています。

02
どんな分野でも専門家と対等に話ができるようになる

大学時代、教科書は授業が始まる前に読破していました。１冊の本を読むのにそう時間はかかりませんし、試験や授業のたびに少しずつ読むのでは、全体像がつかみにくいからです。先に全体像を把握しておけば、授業は自分の知識を確認する場となり、さらに理解は深まります。

何事も、最初に知識を仕入れておくことは大きなアドバンテージになるものです。これは、仕事も同じこと。新しい仕事をすることになったら、私はまずその分野について書籍やセミナーで一気に勉強します。

たとえばサンリオの広報対応で何か問題が見つかったときは、**そもそも広報とはどんな業務を担う部門なのかというところから対外的な問題の対処法まで、書店で10冊**

ほど本を買ってきて読み込みました。そのうえで**広報部門のマスコミ対策や、何か問題が起こったときのための危機管理のパターンを作り、どんなことがあってもスムーズに対応できるよう準備した**のです。

米国法人に入社したときに人事制度の再設計を行ったときも、人事制度の考え方や設計法を勉強し、自分でベースを設計したうえで、外部のコンサルタントに意見を聞くというステップを踏みました。

このような場合、専門家任せにして新しい人事制度案を複数提出してもらい、そのなかから選ぶというやり方もあるのかもしれません。

しかし、**自社にとっての新しい人事制度を導入する意義やそのときに何が重要なポイントなのかを熟知すべきなのは、外部のコンサルタントではなく、提案者である私です。**というのも、そもそもそうしたプロジェクトをやるべきだと思ったのは私なわけですから、責任を持って自分で行うべきです。**また、提案者が知識をつけてベースを設計したほうが、より望ましい制度にできるはずです。**

　どんな仕事にもいえることですが、**自分自身が全体像をつかんでいない状態で、**「現場のことはよくわからないから現場に任せる」「専門的なことは外部のプロに頼めばいい」という態度では、**よい仕事はできない**と思います。

　自分が関わっているプロジェクトを成功させたいのであれば、自ら必要な知識をつけ、現場や専門家と対等にわたり合えるようになる必要がありますし、そのために勉強をするのは当たり前のことでしょう。

　自分で状況をよく理解できていないまま判断をくだし、プロジェクトが失敗してから「だって、あなたはこう言いましたよね」などと現場や専門家を責めても、失敗したという結論がくつがえるわけではありません。

　つねに「自分が責任を負うのだ」という強いコミットメントを持って仕事に臨んでいれば、わからないことがあったときに勉強することは自然に習慣化するはずなのです。

03 移動中には片端から雑誌を読む

多様な情報を押さえておくことは、さまざまな場面で利点となります。

たとえば私の場合、大学時代にさまざまな業界の情報を集めて分析していたことが、社会人になってからも大変役立ちました。

業界分析は就職活動のときにするケースが多いと思いますが、私は就職活動とは関係なく、半ば趣味のような感じでずっと業界研究をしていたのです。

日本経済新聞や「週刊東洋経済」「日経ビジネス」を読み、興味のあった電機、自動車、化粧品、消費財業界などの記事をスクラッピングしていました。

ゼミでは企業の経営戦略を分析し、業界研究レポートを書いたりもしていて、大学を卒業する頃には、それぞれの業界について分厚いファイルができ上がっていました。

業界情報の収集と分析をずっとやっていたおかげで、就職活動のときには周囲の学生と比べて、企業選びのベースとなる知識がずいぶん豊富になっていました。

「情報量でアドバンテージがあると、さまざまな場面で差がつく」ということを強く実感したのもこの頃です。

この本を手にとってくださっているうちの、学生読者のみなさんには、学生時代からこうした情報収集をやっておくことを強くお勧めします。

ちなみに、私はビジネスのことだけに関心があったわけではありません。もともと情報収集が好きでしたから、学生時代にコンビニでアルバイトをしていたときは、本棚にある雑誌を全部読んでいました。

当時は「東京ウォーカー」のような情報誌やファッション誌をたくさん買って読んでいましたし、女性誌は特にトレンドに敏感なので、「ＪＪ」や「ＣａｎＣａｍ」などもチェックしていて、結婚するまでずっとバックナンバーを保管していました（結婚後に妻に捨てられました）。

主要な雑誌はジャンルを問わず、一通りカバーしていたと思います。雑誌は、世の中の動きを手軽に知るためにはよいメディアです。

最近はインターネットを使っての情報収集も欠かせませんが、今も私は雑誌を活用しています。日本でも海外でも大量の雑誌を買い込んで目を通しており、日本の雑誌でいえば、「週刊東洋経済」「日経ビジネス」「日経トレンディ」「日経エンタテインメント!」「BRUTUS」「SPRiNG」など売れている雑誌を中心に、アメリカの雑誌でいえば、「US Weekly」「PEOPLE MAGAZINE」のようなゴシップ誌もチェックしています。これは、今どんなトレンドがあるのか、どんなドラマが流行《はや》っているのか、どんなタレントが注目を集めているのかといったことを押さえておくためです。

こうした情報を知っていないと、エンターテインメント業界の最先端でビジネスをすることはできません。

飛行機に乗る前には、必ず10冊くらい雑誌を買い、飛行機のなかでざっと眺めていますが、趣味と実益をかねた習慣の一つが数年後に大きな差を作るのではないかと思っています。

04 人に会う前は、相手のことを徹底的に調べる

たとえば取引先などに行くとき、初めて訪問する会社であれば、行く前にできるだけ詳しく相手の会社のことを調べます。**その会社のウェブサイトや過去のニュースなどを見ればざっと表面的な情報は押さえられますし、財務データなど決算資料も3、4年分くらい目を通して、業績を確認することも欠かせません。**

さらに、その会社が属する業界全体のことも、できるだけ詳しく調べます。**市場規模はどれくらいか、競合にはどんな会社があるか、競合企業の業績**など、調べようと思えば見ておくべき情報はたくさんあるからです。

会う相手が企業のトップの方などで個人の情報も見つかる場合は、その人のこともできるだけ詳しく調べます。**インターネットで情報収集するのはもちろん、お話ししている動画を探してチェックしたり、著作があれば買って読んだりしておきます。**

もちろん、情報収集にここまで力を入れなくても、表面的な情報だけぱっと押さえておいて、あとはその場でうまく会話をすることもできると思います。

しかし、**最高のパフォーマンスをするためには、できる限り事前に情報収集をやっておいたほうがいい**というのが私の考えです。

それに、さまざまな状況がよくわかったうえで相手に会うほうが、「よく知らない人」に会うよりもリラックスして臨むことができます。**自分の気持ちを安定させておくためにも、情報はたくさん持っていたほうがいい**のです。

こうした情報収集を習慣化していると、情報がどんどん蓄積されていきます。1回ずつの機会で得られる情報はたいした量でなくても、それを積み重ねていくと、情報収集をしない人と比べて、**ビジネスをするうえでベースとなる知識に大きな差がついていくものです**。

調べすぎて損をすることは何一つありませんから、事前に可能な限り、情報に目を通すことをお勧めします。

05

「社内のルールを覚えろ」

新卒で入社した三菱商事では、最初の1年で仕事の「型」を徹底的に叩き込まれました。

私は子どもの頃に海外で長く過ごしていたこともあり、当時は少し日本語が苦手でした。そのため、ビジネス文書一つ作るのにも最初はずいぶん苦労しました。

当時の上司からは、私が作成したビジネス文書が真っ赤になるほど赤ペンで修正を入れられ、何度もやり直しを命じられたものです。一つのビジネス文書を作るだけで1日がかりになってしまうこともあり、正直にいうと、当時はそれが苦痛でした。

しかし、そのときに受けた指導のおかげで、私は基本的なビジネス文書の「型」を身につけることができ、今ではどんなビジネス文書でも、短時間で必要な要素を網羅して、きちんとまとめることができます。

どんな会社でも、どんなに内容が高度になっても、身につけた「型」はずっと役立っています。これは、ビジネスの基礎力を最初につけることの大切さを身にしみて感じた体験でした。

同じ上司から新人時代に叩き込まれて、今でも非常に役立っていることがあります。それは、「社内のルールを覚えろ」という教えです。

ある程度の規模の会社であれば、社内にさまざまな手引きや規定集、ルールブックがあるものです。みなさんの会社でも、社内システムの使い方や決裁権限の規定集、コンプライアンス遵守《じゅんしゅ》の手引きなど、冊子にまとめられたものがキャビネットの奥深くにしまい込まれていないでしょうか。

こうした情報は、ないがしろにされがちなものです。わからないことがあったとき、こうした情報にアクセスすれば答えがわかる場合でも、周囲の人に「どうすればいいですか?」と聞いて「みんなこうやっているよ」などと仕事の現場で教えてもらって、それですませてしまうケースが多いのではないかと思います。

しかし、**私の上司はいつもすぐには答えを教えず、「規定集を見たのか？」と言って、私に自分で調べるよう促しました。おかげで私は会社の規定集やルールブックをしっかり読み込む習慣を身につけることができました。**

自分が働いている会社のルールを知らないと、仕事を進めるうえで支障が出る場合があります。

たとえば、ある新規プロジェクトがあり、社員が「３０００万円の予算を使いたいので承認してほしい」と私のところにやってきたことがあります。「Ａさんには承認をいただいています」と言うのですが、新規の全社に関わるプロジェクトは取締役会の承認事項ですから、Ａさんと私が承認しても予算が通るわけではありません。その担当者は、一定以上の額の予算、ないし新規の全社プロジェクトについては取締役会での承認が必要であるという規定を知らず、過去にもっと予算額が少なかった企画を進めたときの経験だけにもとづいて、「Ａさんと鳩山さんから承認をとれば問題ないだろう」と考えていたようでした。

もしも最初から取締役会で承認を得ることが必要だとわかっていれば、その社員の行動は大きく変わっていたでしょう。**巻き込むべき人、キーパーソンが変われば、企画の進め方やプレゼンテーションの内容も変わるのが当然**だからです。

「以前はこうだったから」といった経験則だけに頼り、権限規定など社内ルールを知らずに仕事を進めていると、**思わぬところで落とし穴にはまってしまう**ことがあるので注意が必要です。

また、社内ルールを知らないばかりに確認にばかり手間がかかって、いっこうに進まないプロジェクトもよく目にします。

わからないことを放置していると、人間の行動が抑制されるということにも留意すべきでしょう。

たとえば出向や転職、異動などで職場が替わると、使うシステムや経費精算の方法なども新たに覚え直すことになります。このとき、場当たり的に周囲に質問しながら仕事を進めていると、仕事上で自分がよくわかっていないシステムにアクセスする必要が出たときにそれを避けようとするなど、自信を持って仕事を進めることができなくなってしまいます。

既存の仕事とは異なる新しいプロジェクトを始めようとする場合も、「誰に話をすればいいかわからない」「必要な情報を引き出すためのシステムの使い方がわからない」といった状態では、思うようにプロジェクトを進めることはできないでしょう。

一方で、社内ルールを熟知していれば、必要な行動を洗い出したり、適切な人に話を通したりといったことがスムーズに進められるはずです。

また、在籍している年数が長くなればなるほど、聞いたり調べたりしづらくなるので、ストレスなく仕事をするためには、社内ルールを最初に押さえてしまうのが有効です。

06

プレゼン前には、手を動かして図やキーワードを書きまくる

私はＩＲ（投資家向け広報）の場などでプレゼンを行う機会が多いのですが、プレゼンに臨むときはいつも**2週間くらい前から資料の準備をスタートし、直前まで改善を重ねるというステップを踏みます。**

早めに資料を完成させたうえでプレゼンの練習をするという方法もありそうですが、**準備は早めにスタートし、何度も推敲《すいこう》して、最後の一語までベストを模索《もさく》する**というのが私のやり方です。

プレゼンの中身を改善していく過程では、実際に資料を見せながら自分がプレゼンしている場面を想像し、シミュレーションを重ねます。

プレゼンでどんな言葉を使うか、どんなデータをどう見せるか、それに対して出そ

うな質問を考え、答えている自分の姿を想像していると、足りないものや抜けていることに気づいたり、よりよいキーワードが浮かんできたりするからです。ときには、プレゼンのことを考えながら寝て、夢のなかでシミュレーションをしていることもあります。

もう一つ大切なのは、**とにかく手を動かし、紙に図やキーワードを書いてみる**ことです。**紙とペンを使うことは、発想を柔軟にし、思考の軌跡を残し、考えが拡散するのを防ぐといった効果がある**からです。

プレゼンは、相手の心に伝えたいメッセージを深く刻むことが目的ですから、「そもそも一番伝えたいメッセージは何なのか」を考えながら、白い紙に使えそうなフレーズや図を何度も書き出していきます。

このように**発想を生み出すステップでは、パソコンではなく紙を使って手書きをしたほうが、柔軟にアイデアが出る**ように思います。

一人で考えごとをしていると、せっかくよい発想が生まれても、ほかのことを考えた瞬間に忘れてしまうことがあるものです。また、頭のなかだけであれこれ考えていると、うっかりほかのことを考え出してしまって「プレゼンを練るつもりだったのに、この3時間、何をやっていたんだっけ?」ということも起こりがちなものでしょう。

紙に書くのは、紙に「思考のサポート役」を担ってもらうためでもあります。

アイデアをメモした紙はすべてとっておいて、時間を置いて見直したり、並べ方を変えてみたりします。プレゼンは、一つの言葉の位置を変えるだけで、伝わり方が劇的に変わることもあるので、**どのような順番でメッセージを伝えるか、こうして構成を作り上げていく**わけです。

準備には時間をかけ、さまざまなアプローチで内容を練り上げていくことが大切だと思います。

07

スポーツでは毎日トレーニングをするのに、仕事ではなぜ何もしないのか

「準備」というと「やることが決まったらとりかかるもの」というイメージがあるかもしれません。

しかし私は、**日々の行動そのものがチャンスへの準備になると思っています。**

仮に毎日19時に退社するとしましょう。24時に就寝するなら、５時間の時間があります。この時間は週５日間分で25時間、１カ月分で約１００時間、１年間ではだいたい１２００時間にもなります。

私は新人時代、いつも「この１２００時間をどう使うか」と考えていました。

友達に会ったり飲みに行ったりすることがあってもいいのですが、仕事で結果を出したいと思うなら、自分のトレーニングに十分な時間を割り当てることです。ここま

で見てきたように、仕事に関して学ぶべきことはいくらでもあります。

10年後、1万2000時間分（約500日分）のトレーニングは、圧倒的な差を生むでしょう。

さらに、日々のトレーニングを重ねていれば、9時から19時までの仕事のクオリティにも差が出てくるものです。

「訓練と実践」の循環を日々きちんと回している人と、やるべき準備を怠って目の前の仕事を片づけることにしか意識が向いていない人とでは、成長の速度がまったく異なります。

「仕事ができる社会人になりたい」と思ってセミナーに参加したりビジネス書を読んだりするのは悪いことではありませんが、**すばらしいセミナーに行ったり優れた本を読んだりしたからといって、急に仕事ができるようになることはありません。**

本当に仕事力を高めたいなら、小さいことを毎日継続することです。1日に1パーセントの変化を積み重ねれば、365日で1・01の365乗ですから、約37・8倍の変化となります。

趣味でもスポーツでも、毎日のトレーニングを欠かさない人は、揺るぎない基礎力をつけることができます。仕事もそれと同じで、１日１日のトレーニングを大事にすることが重要です。

チャンスが来たとき、それをものにして大きな結果を出せるのは、日々トレーニングを欠かさず、必要な準備をしてきた人なのだと思います。チャンスが来てから準備を始めるのでは、遅すぎるのです。

本当にほしいものを手に入れるには、「当分は手に入りそうにない」と嘆くのではなく、「３カ月後、１年後、３年後に手に入れるために、今日は何をすべきなのか」を考えて行動する必要があるのです。

08

サンリオへの誘いに即答できたのも、事前に準備をしていたから

先にも少し触れましたが、私がサンリオに入社したのは、ハーバードビジネススクールに留学していたときに、辻邦彦副社長から「米国法人のCOOにならないか」とある日突然、電話で声をかけていただいたことがきっかけでした。

お話をいただいたとき、私はすぐにサンリオへの入社を決め、「よろしくお願いします」と即答しました。このように重要な選択の場で迷わず即決できたのは、その話をしているときに直感で「やれる」という感じが持てたことも重要ではありましたが、実は**「サンリオに入る日が来るのではないか」と考えて準備をしていた**からでもあります。

私は三菱商事で働いていた2004年に、三菱商事とサンリオの提携を担当してい

ました。この提携には大きな期待がありましたが、発展することなく、何も実現できなかったという背景があります。

そこで私は２００６年にハーバードに留学したときに、マーケティング分野で有名なヤンミ・ムン教授の指導のもと、サンリオのビジネスを研究テーマにすることにしました。私がハーバードに行った理由の一つは、当時の自分に足りなかったものを学びたいという思いであり、サンリオとの提携でやり残したことを実現するだけの力をつけたいという思いでした。

サンリオのアメリカ事業を伸ばすにはどうすればよいかを研究するなか、のちに米国法人で実践することになる「物販事業を縮小し、ライセンス事業にシフトして販路を拡大させ、ビジネスモデルを変革させる」というシナリオに確信を持つことができました。

このとき、すでに私は、仮にサンリオの米国子会社を任されても困らないだけの十分な準備ができていたのです。だからこそ、まさにそのチャンスが目の前にやってきたときに、迷うことなくつかむことができました。

もちろん、辻副社長と接点を持ち続けていたとはいえ、サンリオに入ることになるかどうかは未知数でした。ですから、留学中は「自分で起業する場合はどうするか」「三菱商事に戻るなら、どんな事業をやりたいか」も考え、**どの方向に進んでもいいようにと考えて行動していました。**

ビジネスプランコンテストに出て起業のアイデアを磨いたり、ベンチャーに関心のある人とのネットワークを作ったり、三菱商事のもともといた部署にアメリカで展開したい事業の案を提出したりと、**「この方向に進むかもしれない」というあらゆる可能性をシミュレーションし、準備をしていました。**

チャンスを引き寄せ、つかむためには、さまざまな可能性を想定し、それらに向けて準備をしておくことが必要なのです。

09

誰もやりたがらない仕事にこそ、大きなチャンスがあると見抜く

前の項目では、「準備」の大切さについてお話ししました。

ですが、「準備といっても、何の準備をしていいのかわからない」「人気のある仕事の競争率は高いから、準備をしても無駄になるのでは？」と思う人がいるかもしれません。

そこで私は、「誰もやりたがらない仕事」の準備をし、行動に移すことをここでお勧めしたいと思います。

私が三菱商事をやめて、サンリオの米国法人ＣＯＯになることを決めたとき、その選択に賛同してくれた人は一人もいませんでした。

当時のサンリオは業績が悪化しており、時価総額は６００億円台（現在は約

5000億円）。ですから、当然といえば当然かもしれません。

また、歴代のサンリオの米国法人社長らは長続きしておらず、前の米国法人の社長に相談したときも、「何もできやしないから、やめたほうがいい」と言われました。

「三菱商事に在職していて、せっかくハーバードビジネススクールに留学させてもらっているのに、なんでわざわざ日本企業の米国子会社に転職するのか？」ともよく聞かれました。

しかし、辻副社長が電話で声をかけてくださったときに直感的に引き受けてしまったのは前に述べた通りです。もう後戻りはできません。

なぜ私は、これほどまでに反対された転職を決意したのか。

それは、私は常日頃から、**人がやりたがらない仕事こそ、ひそんでいるチャンスは大きく、成果を出しやすい**と思っているからです。

「**チャンスの女神に後ろ髪はない**」という言葉をご存じでしょうか。

これは、チャンスの女神には前髪しかない、つまり「**通り過ぎれば、もうつかむことはできない**」という意味です。

私は、チャンスはいろいろなところにたくさん落ちているものだと思っています。**問題は、それに気づいてつかめるかどうか。**チャンスに気づいてつかむために必要なことは何かといえば、それは「**誰もやりたがらないことを、勇気を持って一歩踏み出してやってみる**」ことなのです。

みなさんも、一度振り返ってみてください。「もっとああすればいいのに、こうすればいいのに」と思いながら、「条件が悪いから」「環境がよくないから」「うまくいく可能性が低いから」といった理由をつけて放置していることはないでしょうか。**実は、そこにこそ、大きなチャンスが落ちていることが多いのです。**

10

2年越しのアプローチで、念願のキャラクターを買収

私は幼い頃、キャラクターに囲まれて育ちました。母親がキャラクターものが好きだったのか、子ども時代の写真を見ると、周りにさまざまなキャラクターグッズがあったことがわかります。キャラクタービジネスへの関心が高いのは、幼少期の環境が影響しているのかもしれません。

サンリオでキャラクタービジネスを手がけられることになると、私は「サンリオのキャラクターポートフォリオに、ポテンシャルが高い世界的なキャラクターを加えられないか」と考えるようになりました。そこで入社して間もなく、キャラクターの買収に向けて動き出したのです。

「ミスターメン（ミスターメン&リトルミス）」は、私が子どもの頃に大好きだったキャラクターの一つでした。当時、版権を実質的に所有するミスターメン社（ミスタ

ーメン&リトルミス社）は、イギリスの投資ファンド・スリーアイが保有するメディア企業・コリオン社の傘下にありました。

私にはＭ＆Ａの経験はありませんでしたが、サンリオ入社１年目の２００９年、スリーアイとコリオン社に対して「ミスターメンを売ってくれないか」とアプローチを開始しました。

最初はまったく相手にされませんでしたが、私はあきらめずにその後もアプローチを続けました。**チャンスがないように見えても、自分が本当にやりたいと思うことなら、そのための準備をし続けるべき**というのが私の考えです。

たとえ「売るつもりはない」と言われても、この先、相手の会社が「ミスターメンを売ってもいいかもしれない」と考える局面がやってこないとは限りません。

扉が開いたのは、２０１１年のことです。Ｍ＆Ａは売り手と買い手が相思相愛にならなければ成立しないものですから、「片思い」の場合、相手に売却したいという意思があっても声がかからないこともあります。しかし、スリーアイとコリオン社は、売却の意向を固めると、真っ先にサンリオに打診してくれました。

そして2011年12月、サンリオは英国子会社を通じてミスターメン社を買収するに至ったのです。アプローチを開始してから、およそ2年がかりでM&Aに成功したことになります。

仕事では今やるべき目の前のことで手一杯になりがちですが、「いつか絶対に実現したい」と思う仕事があるなら、先々のことまで考えて準備しておくことが必要です。

私は、やりたいことに関しては、実現できるかどうかは別として、「いざチャンスがやってきたとき、パッとつかみとるためには何をやっておくべきか」をつねに考えて、日々行動するよう心がけています。

たとえばキャラクターの買収では、交渉相手と雑談している最中、急に「売るつもりはないけど、いくらまでなら出すの?」という話になったことがあります。

買収できる可能性はゼロに近い状況でしたが、私は「今すぐ現金でX億円出しますよ」と即答しました。これは、とっさに条件を提示できるだけのシミュレーションを、それまでに重ねていたからこそ可能だったわけです。

売る気がなくても、予想もしていなかった魅力的な条件を目の前に提示されれば、相手の気持ちが揺れるでしょう。**このとき、「それは持ち帰って検討します」と答えるようでは、相手をこちらに振り向かせることなどできない**と思います。

もちろん、いくら準備をし、シミュレーションを重ねても、実際に思い描く通りにならないこともたくさんあります。

しかし、繰り返しになりますが、万全を尽くしてシミュレーションをしていなければ、チャンスがきたときにつかむことはできません。**どんなに勝ち目が薄いと思える案件でも、「いつか絶対にものにしてやる」と思って準備しておくことが1パーセントの可能性の扉を開くことにつながるのです。**

11

社外取締役になるとき、どんな準備をしたか

私は2013年6月に、DeNAの社外取締役になりました。

きっかけは、たまたまDeNAの守安功《もりやすいさお》社長に、サンフランシスコで互いの共通の友人を通じ、お目にかかる機会があったことです。「世界で大きなうねりを生み出すグローバルNo.1のモバイルインターネットカンパニーを目指すDeNA」と、「世界中で笑顔を生み出すグローバルNo.1のエンターテインメントカンパニーを目指すサンリオ」という共通点もあったことから、いかに高い志を持って企業を成長させていくのかなど、いろいろなお話をさせていただきました。そこから「社外取締役に」というオファーをいただいたので、すぐにお引き受けしました。

実はちょうどその前年の夏、「そろそろ社外取締役もやってみたい」と思い、関連する書籍を読むなど、少しずつ準備を始めたところでした。サンリオでも5年目、取

締役になって3年目になり、ほかの会社や業界ではどんなふうに取締役会を運営しているのかなど、知見を広げたいと感じていたからです。会社にもこうした方向性を相談していました。同時期に、ハーバードビジネススクールで取締役会の運営法に関する講座を受けることも決めていました。

とはいえ、本当に社外取締役になれるかどうかは不透明でした。通常、社外取締役を務めるのは企業の社長や会長クラスです。私は当時、ただのいち取締役（のちに常務）だったので、一般常識で考えれば、可能性は低いはずでした。

しかし、私は常日頃から、「この仕事を一生懸命続けていったら、その先には何があるだろう」「次はどんな仕事をやってみたいだろうか」と**想像力を働かせ、目標を持ち、先回りしてそのための準備をする**ようにしています。準備なくして、次のステップに進むことはできないからです。

「社外取締役をやってみたい」と思ったとき、そのための準備を始めることは、私にとっては当たり前のことでした。

ありがたいことに２０１３年には複数の会社からオファーをいただき、改めてチャンスに備えて準備しておくことの大切さを、身をもって感じることになりました。サンリオに入社したときと同様、準備ができていたからこそ、すぐに「やります」と言えたのですから。

みなさんも、自分の仕事の先にどんな未来が描けるか、どんな未来にしたいかを想像してみてください。そのために必要な準備を始めるのは、今です。

第1章のまとめ

☑ 「時間があるときに調べよう」はダメ。今すぐやる

☑ 最高のパフォーマンスをするために、できる限り情報収集をやっておく

☑ 思い通りに行動するために、わからないことを放置しない

☑ プレゼン準備は早めにスタートし、何度も推敲して、最後の一語までベストを尽くす

☑ プレゼン準備ではとにかく手を動かし、紙に図やキーワードを書きまくる

☑ 紙とペンを使うと発想が柔軟になり、思考のプロセスを残せ、考えが拡散するのも防げる

☑ チャンスがきてから準備を始めるのでは遅すぎる

☑ チャンスをつかむために、誰もやりたがらないことを手がける

☑ チャンスがないように見えても、自分が本当にやりたいことなら、そのための準備をし続ける

第2章
不安をうまく利用するから、結果が出せる

12

不安がない日は1日もない

「三菱商事、ハーバードＭＢＡ、36歳でサンリオの取締役に」という経歴だけ見ると、私の人生は順風満帆で安定しているかのように見えるかもしれません。

しかし、実際にはそんなことはなく、大学受験で浪人したり、仕事で大きな失敗をしたり、人間関係がうまくいかなかったり、やりたい仕事をやらせてもらえない状況になって落ち込んだりしながら生きてきました。

でも、私はそれを当たり前のことだと思っています。私がつねに意識しているのは、**「不安定さのなかで生きていく強さを持たなくてはならない」**ということです。

たとえば、人間関係がうまくいかないときは、まず「うまくいかなくて当然だ」ということを認めなくてはなりません。すべての人間関係がつねに順調であることなど、そもそもありえないからです。

まずは「うまくいっていない」という状況を受け入れ、そのうえで「どうやって人間関係を改善しようか」と考えて前に進んでいくしかありません。

同様に、勤めている会社も自分の人生も、先々どんなふうに状況が変わるか、誰にもわかりません。「将来が不安だ」というのは実は当たり前のことで、傍から成功したように見える人生を送れたとしても、不安は一生消えることはありません。

サンリオ米国法人のＣＯＯに就任したときに、サンリオの創業者である辻信太郎社長から、「社長の仕事は何か、知ってるか？」と聞かれたことがあります。「会社がうまくいっているときは『何か見落としているんじゃないか』と胃薬を飲み、会社がうまくいかないときは、『どうやって会社をよくすればいいのか』と考えて胃薬を飲んでいる。それが社長の仕事なんだ」――。

結局のところ、「安住の地」はどこにもないのです。もちろん、一生懸命仕事をしていれば少しずつ生活は安定感を増していくでしょう。しかし、「あらゆることに満足で不安が一つもない」という状態になることはありえません。

このように考えると不安を感じること自体を否定する必要はないことに気づきます。

大事なのは、「何事も先のことはわからないし、先が見えないことによる不安が消えることはない」という前提に立って、**「では、どうやって少しでも不安を軽減し、前に進んでいくか」を考える**ことなのだと思います。

さらにいえば、**不安があるからこそ、人は成長できる**のだと思います。不安のない状態があるとすれば、それはどこかに驕《おご》りがあるからで、成長するために必要なモチベーションも生まれなくなってしまいます。

不安を原動力にし、いかに行動を起こすかで、成長の度合いは大きく変わるのだと思っています。

13

不安を軽減するために、ひたすら情報を集める

生きている限り不安がなくなることはありませんが、ある程度は打ち消すことができるものです。私は、いつも「自分が何に対して不安を感じているのか」「どうすればそれを打ち消せるか」を考え、**できるだけ心を平穏に保てるよう努力しています**。

不安を打ち消すための方法として最も簡単で効果的なのは、「**情報収集**」と「**トレーニング**」です。

人が不安を覚えるのは、対象のことがよく見えておらず、理解できないからです。

たとえば、テストを受けるときのことを考えてみてください。出題範囲がわからなければ、「いったいどんなテストだろう」と不安を感じるでしょう。

そこで「教科書のXページまでの範囲でテストを実施する」という情報がわかれば、不安は少し軽減するはずです。さらに、出題範囲についてよく勉強し、練習問題を解

いて疑問点を解消しておけば、心穏やかにテストに臨めるのではないでしょうか。

仕事についても同じことがいえます。第1章では「準備」の重要性について繰り返し私の考えを説明しましたが、不安を軽減して最大限の力を発揮するためには、情報を収集し、トレーニングを重ねることが必要なのです。

人は、見えないものや知らないことには恐怖を感じるものです。なるべく「知っている」「やったことがある」状態を作ることを目指すようにしましょう。

14

会議で発言しないよりは、的外れでも意見を言うほうがずっといい

日本では、中学、高校、大学と英語を勉強してきても、英会話ができない人がめずらしくありません。「多少は読み書きできるけれど、話せない」という人が多い原因の一つには、「完璧な英語を話さなくては」とまじめに考えるあまり、間違うことを恐れて簡単な英語ですら口にできなくなってしまう心理があるようです。

あるとき、海外現地法人のメンバーが日本に来る機会がありました。そこで私は、海外事業に関心のある若手社員を数名呼び、サンリオの事業について英語でディスカッションする場を設けました。せっかくの機会ですから、いずれ海外事業に関わるかもしれない社員と海外のメンバーとの間でコミュニケーションが生まれ、よい関係構築につながればいいというのが私の考えでした。

ところが、ディスカッションに参加した社員のなかには、最後まで一言も発言でき

ないまま終わってしまう人もいました。私は何度か「何か意見はありませんか?」ときっかけを作って発言を促したのですが、参加した社員は一度答えに詰まると、次はさらに心理的なハードルが上がるという悪循環に陥ってしまったようです。

いつもまじめに仕事にとり組んでいることを知っているだけに、チャンスを活かしきれない様子を見て、私は「もったいないな」と思っていました。

実のところ、社員が英語が苦手だからといって、それがまずいとは私は思っていません。これから英語を学べば、殻を破ることはできるでしょう。今回の出来事をきっかけに、一言も話せなかった人たちが「英語を勉強しよう」と決意を新たにするかもしれません。

しかし、英語が話せるかどうかという問題以前に、もっと大事なことがあります。それは、「ディスカッションの場で間違った英語を話すくらいなら、何も言わないほうがよい」という考え方に、成長の芽を摘む危険性がひそんでいるということです。

ディスカッションの場で何も言わないのは、テストの解答用紙に何も書かず、白紙で提出するようなものです。白紙では、評価は０点にせざるをえません。「頑張れば70点はとれるので次の機会に」と言って先延ばしにしても、０点は０点。それなら、今の実力の範囲で力を尽くし、何かしらの痕跡《こんせき》を解答用紙に残して１点でも点数をとろうとしてほしいと思いますし、そのような姿勢がなければ、いつまでたっても成長はできないと思います。

何もしなければ失敗しない、というのは、大きな間違いです。何もしないこと自体が、実はすでに大きな失敗なのです。

何もしないくらいなら、失敗したほうがずっといいと思います。失敗からは学びを得ることができますし、周囲の人も、あがいたりもがいたりして失敗した人には、何らかの評価を与えるものでしょう。

何もしなければ、学びはなく、評価も受けられません。

読者のみなさんには、「失敗を恐れて何もしないことが、一番、自分を傷つけるのだ」ということを、ぜひ心に留めておいていただきたいと思います。

15

「チャレンジしていないこと」を苦手だと決めつけない

仕事をしていれば、自分が苦手なことにとり組まなければならない場面が出てくるものです。

「人前で話すのは苦手なのに、プレゼンをすることになった」「人にものを教えるのは苦手なのに、後輩を指導しなければならない」といった状況になったとき、みなさんならどう対応するでしょうか。なかには、「得意分野で頑張ればいいし、『苦手だから』と言って断る」など、できるだけ避けようとする方もいるかもしれません。

しかし、苦手なことを避けてばかりいては、社会人としてスキルを伸ばすことはできません。克服するためには、苦手なことと向き合い、それについて学ぶ時間を作ることが必要です。

そもそも、「苦手なこと」というのはたいていの場合、「まだ経験がなく、チャレンジすらしていないこと」というケースが多いものです。

また、誰でも初めてやることは、うまくいかないことのほうが多いでしょう。努力してみることもせずに、それを苦手と決めつけるのは、もったいないと思います。

苦手意識があったとしても、時間をかけて身につけようとチャレンジすれば、「実は苦手というほどでもなかった」と気づくこともあるでしょう。

私自身、つねに苦手なことはあります。

私はもともとマーケティングや企画の仕事が好きで、企業経営にはそれほど興味がありませんでした。

三菱商事在籍時にはエイベックスに出向して、音楽配信ビジネスをやろうとしたこともありますし、サンリオに入社したのもキャラクタービジネスに興味を持っていたことが背景にあります。どちらかといえば、「プロデューサー」といったポジションでトレンドを生み出すような仕事をするのが好きですし、向いているのではないかと思っています。

ですから、かつては**マネジメント**や**ファイナンス**に関する知識も経験もほとんどありませんでした。しかし、**ビジネスパーソンとしてより大きな結果を出していくためには、これらの知識をつけることが不可欠です。**

私がハーバードビジネススクールに留学したのは、企画マンだった私が「次のレベルにステップアップするために、マネジメントやファイナンスを学ぶことは必要なプロセスだ」と考えたことも理由の一つでした。きっかけは、三菱商事に在籍していた頃、サンリオとアメリカで合弁会社を作ろうとして、失敗したことです。

実は、エイベックス出向時にお世話になったギャガ㈱の依田巽《よだたつみ》会長（エイベックス元会長兼社長）にこの件を相談したとき、「ファイナンス的にもコスト的にもまったく合わないし、チームの作り方も間違っているから、その合弁会社は成り立たないと思う」という指摘を受けていました。

そして実際に失敗したとき、「依田会長に見えていたことが、私には見えていなかったんだ」と痛烈に感じたのです。ハーバードに入るときは、その経験をエッセイに書いて提出しました。

ハーバードで勉強し、ＭＢＡの取得を通じて、マネジメントやファイナンスについてはプロと対等に話し、問題点を的確に把握して、自分で改善案を考えられるレベルの知識を身につけることができたと思います。

その後、サンリオ米国法人ＣＯＯ、サンリオの取締役となり、マネジメントをする立場になったとき、ハーバードで学んだことが活きました。

今、私が「まだまだ苦手だな」と思っているのは、コーチングです。後進の人材を育成していくという点では、力不足であることを否めません。

しかし、これからコーチングの勉強をするつもりですし、「自分のスキルにコーチングも加えられたら……」と考えるとワクワクします。

苦手なことがあるのは、当たり前です。**「苦手なことがない」という人がいたら、それは新しいこと、未経験のことにチャレンジしていないことの裏返し**でしょう。

苦手なことにぶつかったら、「これを克服することで確実にスキルアップできるんだ」とポジティブに考えたいと思っています。

16

失敗したら、まず自分に改善の余地がないかを考える

仕事をしていれば、いつも物事がうまく進むとは限りません。チャレンジし、行動している限り、「失敗がまったくない」ということはありえないでしょう。

仕事で失敗すれば、責任の一端を問われることもあるものです。そのような場面で、「自分だけのせいではないのに……」「上司に失敗を押しつけられた」「ミスをしたわけではなく、やれと言われた仕事はちゃんとやったのに、プロジェクトがうまくいかなかったからといって責任を負わされるのは納得がいかない」など、腐ってしまうことはないでしょうか。

頑張って仕事をした人ほど、失敗を責められれば気分が悪くなるでしょう。しかし、世の中は不条理なものでもありますし、感情だけで物事を判断するのは危険です。

また、**「頑張ること」と「仕事で結果を出すこと」は、本質的に違うものです。**

このような場面では、一度冷静になって、立場を変えて状況を分析してみましょう。図に描いてビジュアル化しながら考えると、客観的に状況を見ることができるのでお勧めです。

たとえば、Aさんがあるプロジェクトのメンバーとして、販促企画を担当していた場合を考えてみましょう。

結果的にこのプロジェクトでは目指した売上を達成できず、Aさんは本部長から「この点について販促企画担当者としての責任は君にある」と言われて憤慨しています。「社長からトップダウンで決まったプロジェクトで、これまでの発想にとらわれない斬新なチャレンジをするようにという方針だったはず。頑張って販促企画を考えたし、現場の評判だってよかったのに、どうして自分のせいにされなくてはならないのか納得がいかない。本部長は、単にプロジェクト失敗の責任を自分に押しつけているだけではないか」というわけです。

このような場合、まず「失敗」や「成功」を誰がどう定義しているのかを考えてみる必要があります。ひとくちに「失敗」「成功」といっても、社長、本部長、Aさんの頭のなかで定義が違っている可能性があるからです。

このプロジェクトは、売上が上がればよかったのか、利益を確保することを目指していたのか、それともAさんが認識しているように「とにかく新しいチャレンジをすること」が求められていたのでしょうか。

こうして一歩引いて考えてみると、**成功や失敗というのは立場によって定義が変わり、結果の見え方も変わる**ということに気づきます。

本部長の立場からしてみれば、Aさんに「売上目標が達成できなかった責任がある」と言ったのは、組織として立てた目標をクリアできなかったことについてAさんは組織の一員であり販促企画の責任を負っていたわけですから、ごく自然なことだったのかもしれません。

一方、Aさんは社長が「とにかくチャレンジすることが大事だ」と言ったことを会社の方針と受け止めていました。その方針に従って果敢なチャレンジをしたのに、組織が目標とした売上を達成できなかったからといって、失敗の責任があると言われれ

図表2　問題を解決するため、Aさんの状況を図に描くと……

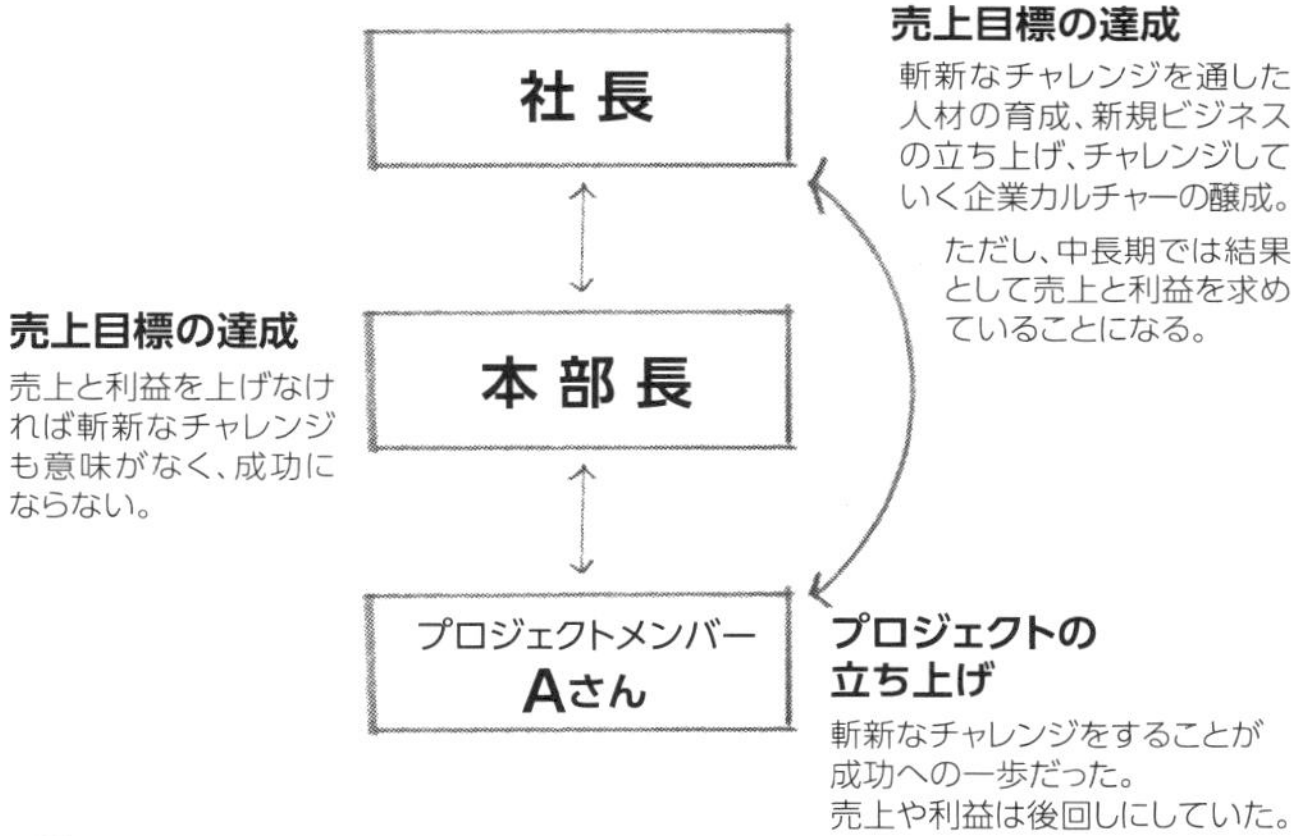
社長
売上目標の達成
斬新なチャレンジを通した人材の育成、新規ビジネスの立ち上げ、チャレンジしていく企業カルチャーの醸成。
ただし、中長期では結果として売上と利益を求めていることになる。
本部長
売上目標の達成
売上と利益を上げなければ斬新なチャレンジも意味がなく、成功にならない。
プロジェクトメンバー
Aさん
プロジェクトの立ち上げ
斬新なチャレンジをすることが成功への一歩だった。
売上や利益は後回しにしていた。

本部長の立場を考えれば、チャレンジするだけでは評価されないことは一目瞭然。立場が異なると、成功の意味や思惑も変わる。

ば、納得できないのも無理はないかもしれません。

しかし、もしもこの状況で「新たなチャレンジが生まれたのだから、その点ではこのプロジェクトは成功だ」と認める人がいるとすれば、それは社長しかいないでしょう。この状況を図に描くと、上の図表2のようになります。

こうして分析しても、悔しさは消えないかもしれません。しかし、このように分析して、それぞれの立場が理解できれば、「次はどうすればいいのか」が見えてきます。

客観的に分析した状況を飲み込んで「結局、何がダメだったのか」と考えると、「全員が『成功だった』と認識するには、チャレンジするだけではなく、売上を伴わなければならない」ということがわかるでしょう。

さらに、「売上を上げるためには何が足りなかったのか」を紙に列挙して分析すれば、それに対して自分のスキルが不足している部分も見えてくるはずです。

次に同じことを繰り返さないために、**「自分が改善できる余地はどこにあるのか」を考えて行動すれば、悔しい経験も自分を成長させるよいチャンスとなる**のです。

17

直感を信じる。だが、うまくいかないときは状況を紙に書いて整理する

私は物事がうまくいっているときは、直感を信じます。やることを次々と決めて、突き進みます。

しかしながら、「明日の重要なプレゼンにどんな要素を入れるべきか、どう展開すべきかがなかなか見えてこない」「上司や部下との関係が最近ギスギスしているが、どうすれば関係を改善できるかわからない」「今の仕事を続けていて成長できるのだろうか、転職したほうがいいのでは……」など、仕事をしていれば迷いが生まれることがあるものです。

このようなとき、私はフレームワークを使って状況を紙に書いて、客観的に分析するようにしています。

たとえば、みなさんのなかには「**SWOT分析**」という言葉を聞いたことがある方も多いと思います。ご存じない方のために簡単に説明すると、SWOT分析とは、内的要因である「強み（Strengths）」「弱み（Weaknesses）」と外的要因である「機会（Opportunities）」「脅威（Threats）」を列挙し、強みの活かし方、弱みを克服する方法、機会の利用法、脅威を避ける方法を考えながら、目的が達成可能かどうか、達成するために有効な戦略は何かを検討するのです。

あるいは、マーケティングに関わっている方なら「**7P**」、つまり「製品（Product）」「価格（Price）」「プロモーション（Promotion）」「流通チャネル（Place）」「人（Personnel）」「プロセス（Process）」「物的証拠（Physical Evidence）」の視点でマーケティング戦略を練っているでしょう。

企業や事業の経営環境を分析する際は、よく「市場（Customer）」「競合（Competitor）」「自社（Company）」という「**3C**」の視点が使われます。

こうしたフレームワークは、仕事のツールとしてビジネススクールなどで教えられています。どれも有名ですから、勉強熱心な方なら一通り知識は身についているのではないかと思います。

私自身は、青山学院大学の国際政治経済学部３年生のとき、経営学者の石倉洋子《いしくらようこ》先生（現在は慶應義塾大学大学院メディアデザイン研究科教授）のゼミに参加したことでこうしたフレームワークに出合い、その後も数多く学んできました。

これらのツールを「プロジェクトの可能性を検討するとき」「新商品のマーケティング戦略を練るとき」など決まった場面でしか使っていないとしたら、非常にもったいないと思います。

私は迷ったときは、どんなことでもフレームワークに当てはめて考えてみることにしています。**迷っているということは思考が止まってしまっているということですから、思考の助けになるツールを使って、強引に考えを深める**わけです。

会社の戦略を考えるのと同様、自分のキャリアや人生について考えるときにも、こうしたフレームワークは有効です。

学んだことは、使ってこそ価値があります。みなさんも、考えがなかなかまとまらないときはこうしたフレームワークを活用してみてください。

18
周りを変えようとせず、自分を変える

職場で周囲の人とうまくコミュニケーションがとれず、「人間関係がうまくいかない」と悩む方は少なくないでしょう。

私も、人間関係で苦しんだ時期があります。その当時は周囲から敵視されていると感じることもありましたし、仕事で上げた成果に対する評価も正当ではないように思えて、しばらく悩んでいました。

このような場合、「周囲の人は私のことを理解してくれない」「悪いのは自分ではない」と自分を正当化したくなるものだと思います。

しかし私は、思い悩んだ末、周囲に「私のどこが悪かったのでしょうか。何か直すべき点があれば、ぜひ教えてください」と尋ねることにしました。

自分が置かれた状況を一歩引いて考えてみたときに、**周囲とうまくいっていないの**

に**「悪いのは自分ではない」と突っぱねたところで、事態が好転することはまずないということに気づいた**からです。

つまり、周囲を変えようとするのではなく、自分自身が変わらなければ、問題は解決しないのです。

実際、謙虚に自分を変える努力をしようと決め、周囲に「私の悪かったところを教えてください」と尋ねて回ると、私をとりまく雰囲気がガラリと変わっていくのを感じました。

私はこの経験から、相手の気持ちをほぐし、向き合って話せるようになるには、その後の具体的な努力もさることながら、**「まず自分の非を認める言葉を口にできるかどうか」が重要**ということを学びました。

人間関係が悪化する最初のきっかけは、もしかすると小さな出来事なのかもしれません。しかし、誤解が積み重なれば重なるほど、人は互いに会話を避けるようになるものです。

本来であれば、なるべく早い段階でお互いにオープンに話し合い、誤解を修正していく努力をするのがベストですが、実際には負のスパイラルに入って、問題がどんどん大きくなっていくことも少なくないでしょう。

このような場合、危機管理の観点から考えても、まずは相手を非難することをやめなくてはなりません。そのうえで**「自分のどこが悪かったか」を真摯《しんし》に考え、相手より先に自分の非を認めることが重要**なのだと思います。

第2章のまとめ

☑ 不安を原動力にし、行動を起こす

☑ 何もしないくらいなら、失敗したほうがずっといい

☑ 「苦手なことがない」のは、新しいこと、未経験のことにチャレンジしていない証拠

☑ 「自分が改善できる余地はどこにあるのか」を考えて行動すれば、悔しい経験も自分を成長させるよいチャンスとなる

☑ 迷っているときは思考の助けになるツールを使って、強引に考えを深める

☑ 周囲とうまくいかないときは、自分の悪い点を真摯に考え、それらを認めて言葉にする

第3章
人間関係をおろそかにすると、どんな努力も無駄になる

19

ほんのわずかでも時間があれば、足を運んで人に会う

三菱商事に入社して1年目、出向先のメモリーテック㈱という会社では「100社回り」という営業のトレーニングがあり、新人は100社分の名刺を集めてこなくてはなりませんでした。

「100社回り」は、「100社くらい回ってみろ」という意味で、100社を本当に訪ねろということではありませんでした。それでも私は、一つのオフィスビルの上から下まで順番にすべてのフロアを回り、知らない会社を1社ずつ訪問しました。おかげで、知らない人に声をかけたり新しい会社に営業に行ったりすることに抵抗がなくなり、ずいぶん鍛えられたと思います。

この経験があったため、その後も私は、飛び込み営業のようなことをよくやっていました。

ＣＤメディアの営業をしていたときは出版社の編集部に行って雑誌の付録にＣＤ－ＲＯＭをつけるための商談や打ち合わせをすることが多かったのですが、どこかの編集部に行くと、ついでにほかの編集部にも行って営業したものです。

これは出版社に限らず、どんな会社に行っても、同じように社内をぐるぐる歩き回っていました。

もちろん、むげに扱われたり警戒されてしまったりすることもありましたし、そんなふうに扱われれば、いやな気持ちになることもあります。

とはいえ、そもそもまったく知らない相手と会って一度や二度、否定的な態度をとられることは、考えてみればごく当たり前のことでしょう。**期待しすぎず、「門前払いされることも、今後の仕事の準備の一つ」と思えばいいのです。**

また、**私は仕事でおつき合いのある会社の近くまで行ったときは、用事がなくても立ち寄ります。**急に訪問すると、担当者が不在だったり会議中だったりして会えないことも多いのですが、それでもこの習慣は、昔も今も変わらず続いています。

先日も、5年ほど顔を合わせる機会がなかった人の会社の近くを通りかかったので、ふらりと立ち寄ってみたのですが、残念ながら昼食時で外出しており、会うことはできませんでした。でも、それでもいいのです。**こうした行動を重ねていれば、なかなか会えない人とうまく会えることもある**からです。

知人の会社の近くにいて、少しでも時間があるなら、顔を見せに行くというのは、一つの貴重な機会なのです。**立ち寄らずにすませてしまうのは、その機会を無駄にしているということですから、私にはとても違和感があります。**

こうした行動が1年、2年、3年と積み重なっていくと、「ご縁」に大きな違いが生まれます。

ご縁というのは、ご縁が広がるような行動をしているから広がるのであって、何も行動を起こさずに自然に広がるものではないと思います。自分から相手のところに足を運んだり、連絡をとってみたりという行動を長年にわたって重ねてきた結果が、現在までの私のご縁をもたらしたのだと思っています。

20

少し図々しいくらいのほうが機会をつかめる

先日、道端でばったり知人に会ったときのことです。知人と一緒にいた若者とも、「実はうちの会社もサンリオさんと取引があるんですよ」「そうなんですね」などと会話を交わしていたところ、次の日、その若者からメールが送られてきました。

「昨日は偶然お会いできてよかったです。ところで、いろいろお話を伺ってみたいので、明日、夕食をご一緒できませんか？」

半年ほど前にエンターテインメント関連の会社に新卒入社したばかりという方だったので、「キャリアについて相談でもあるのかな」と思いましたが、さすがに次の日にすぐ時間をとるのは難しく、夜にゆっくり食事に行ける日もあまりありませんでした。

そこで私は、「ご連絡ありがとうございます、お会いできてうれしかったです。残念ながらなかなか会食の時間はとれないのですが、キャリアのご相談があれば30分くらいでしたらいつでも時間はとれますのでご連絡ください」と返信しました。

ところが、その若者からはその後、何の返信もありませんでした。

もしかすると、私が夕食を断ったことで、「忙しいなら、これ以上追いかけ回しても……」などと遠慮したのかもしれません。

一方、遠慮したり怖《お》じ気《け》づいたりすることなく、どんどんアプローチしてくる若者もいます。

「私がアメリカで通っているカイロプラクティックの先生の息子さんの友達」というご縁でたまたま知り合った慶應義塾大学の男子学生は、「いろいろとビジネスプランを考えているので、ぜひ見てほしい」と言い、実際に何度もメールをくれています。

正直にいうと、最初に送られてきたプランの内容は、まったく箸《はし》にも棒《ぼう》にもかからないものでした。

しかし、私が一通り目を通してアドバイスを返信すると、彼はその後も進捗《しんちょく》報告や新しいアイデアをメールで送ってくるようになりました。「まだまだだな」と思うことが多いものの、若者には頑張ってほしいという思いもあって、毎回、何かしら気づいた点を伝えるようにしています。

読者のみなさんのなかには、「そもそも偶然出会っただけの忙しい人に『お話を伺いたい』と頼んだり、一方的にビジネスプランを送りつけたりするのは図々しいのではないか」と思う方もいるかもしれません。

しかし、私は**人にしがみついて何かを得る努力をする人のほうが成長する**と思っています。遠慮したり怖じ気づいたりしない人のほうが、明らかに伸びるのです。

ですから、私が送った「30分くらいなら」というメールに返信をしなかった若者に対しては、「もったいないな」と感じました。

私が同じ立場だったら、「ご事情も知らずに急にお誘いしてしまって申し訳ありません。でも、30分でもいただけるのであれば、空いている時間にお伺いしますので、お願いできますか」と返信したのではないかと思います。

実際、私自身、これまで多くの人を頼り、ときには時間をいただいて悩みを相談したり意見を聞きに行ったりしながら、ここまでやってきました。

遠慮していると、機会はどんどん逃げていってしまうものです。成長する機会をつかむには、図々しく人を頼る心の強さも必要でしょう。

特に、年長者は食らいついてくる若者に対して「自分が経験してきたことを伝えてあげたい」と考えているものだと思いますから、若者は怖じ気づかずにどんどんアプローチしていったほうがいいと思います。

21

どんなに忙しくても、人からの依頼は断らない

先日、取引先で働いている若い女性から、「今の職場ではやりたいことができないので転職を考えているのですが、一度お話しさせていただけませんか？」と相談を受けました。

このケースに限らず、「相談したいことがある」「話を聞いてほしい」「アドバイスを聞きたい」といった依頼を受けることは頻繁にあります。

私は毎月アメリカと日本を何度も往復し、文字どおり世界中を飛び回りながら仕事をしているので、いつも時間にはあまり余裕がありません。

しかし、**こうした依頼はできるだけ断らない**ことにしています。

転職の相談をしたいという女性にも、「それでは一度、ランチを食べながら話しましょうか」と言って、短い時間でしたが履歴書の書き方などをアドバイスしました。

忙しいなか、なぜこうした依頼を受けるのかといえば、理由は大きく2つあります。

一つは、仕事で大きな結果を出していくには、他者の力に助けてもらうことが必須だからです。

若い頃、任されている仕事の範囲が今ほど広くなかった時期は、「自分一人で何でもやってやろう」というスタンスで突っ走っていたこともありました。

しかし、とり組むプロジェクトが大きくなり、自分の仕事に関わる人や会社がどんどん増え、国をまたいで世界で仕事をするようになるにつれて、**「一人でできる仕事には限界があり、多くの人とチームを組んでやっていくことが重要なのだ」**ということを痛感するようになりました。

一緒に仕事をする相手は、その時々でどんどん変わるものです。かつては競合企業にいた人や、プライベートで知り合いだった人と、仕事で一緒にチームを組むことになる可能性もあります。つまり、「いつか一緒にチームを組むかもしれない人」は社内外問わずたくさんいるわけです。

転職の相談を受けた女性は、取引先での仕事ぶりを見ていて、「優秀な人だな」と思っていました。彼女がこれからいろいろな場でキャリアを積んで成長していった結果、どこかで一緒に仕事をする機会があるかもしれません。

ですから私は、彼女自身が大きく成長してくれることに、心から期待を寄せていたのです。余計なおせっかいかもしれませんが、ランチの時間を使って私が少しアドバイスすることが何かしら役に立てるのであれば、それを断る理由はありません。

もう一つは、頼みごとをされているといっても、**人と会って話をすることは、私自身にもよい影響がある**からです。

たとえば履歴書の書き方をアドバイスすると、自分のなかにあった「履歴書を書くためのノウハウ」が言語化され、整理されます。**人に教えようとすると、新たな気づきも生まれる**ものです。履歴書を書くのは「キャリアをどう振り返り、整理してまとめるか」ということですから、私が今後、若手社員にキャリアについてアドバイスする際にも役立つでしょう。

目の前にある一瞬のメリットの有無にとらわれると見過ごしてしまいがちなのですが、**多くの出会いや会話の機会を作ると、それだけで自分のなかでイノベーションが起こりやすくなります。**コミュニケーションや行動を増やすことは、中長期的に自分自身の成長にもつながっていくのです。

仕事に追われて忙しくしているときに、「少し時間をいただけませんか？」と頼まれたら、みなさんはいつもどのように対応しているでしょうか。

「何のメリットもないのに、面倒だ」と考えるか、何とか充てられる時間を探して「わかりました、それではランチの時間にどうですか？」と対応するかで、**その後の人間関係の広がりには大きな差が出ます。**

できれば、**「何かあったら、またいつでも相談してください」と一言添えるくらいに、ご縁を大切にしたいものです。**

22 職場に波風を立てない人は、いる必要がない

「人間関係を大事にしようと考えるあまり、遠慮する気持ちが強くなって、言いたいことをはっきり言わないままにしてしまった」――このような経験は、多くの人がお持ちでしょう。

しかし、ビジネスの場では、「遠慮して言いたいことを言わない」のはよくありません。「余計なことを言って波風を立てるくらいなら、黙っているほうが楽だ」という考えの方もいるかもしれませんが、**ときにはあえて波風を立てることも必要**なのです。

波風を立てなければ変化を起こすことはできず、仕事で大きな結果を出していくこともできないでしょう。ですから私は、「波風をまったく立てないような人なら、職場にいる必要がない」と思っています。

私自身、あえて大きな波風を立てることがあります。

2008年にサンリオ米国法人COOになった後、私は日本でサンリオのIR（投資家向け広報）や中期経営計画作りにも関わるようになりました。そういった仕事をするように指示されていたわけではないのですが、「IRをもっとしっかりやったほうがいい」「ちゃんとした中期経営計画を作るべきだ」と思ったので、自分から動き出したわけです。私はいつも、**「会社に必要なことがあると気づいたら、気づいた人がやればいい」**と考えています。

しかし、中途入社でよそから来た私が、トップから指示されたわけでもないのに中期経営計画を作ろうとしていることに対して、違和感を覚えた人も多かったようです。必要な情報を出してほしいと頼んでも、なかなかスムーズに協力を得られない場面もありました。そもそも、中期経営計画について課題意識を持っている人がほとんどいなかったのです。

そこで私は、「中期経営計画が本当に必要かどうかをみなさんに伺いたい」と言って、2日間にわたって計8回の会議を開くことにしました。1回2時間、参加者は毎回入れ替えで、複数の部署から人を集めて、取締役にも参加メンバーに加わっていただきました。私は事前に、「会議の内容は、この後に会議に参加する人には言わないでください」と伝えておきました。

会議の場では、「中期経営計画は本当に必要でしょうか?」と尋ねて意見を聞き、そのうえで「いくつか中期経営計画の案を作ってきました」と言って、A案、B案、C案、D案、E案と5つのプランを提示しました。そして多数決をとり、最も支持の多かった案について、「どこがよいか、足りない点は何か」を聞いていきました。すべての会議で、私が提示したA～Eのプランは多くの批判を浴びました。

会議が終盤に近づくと、私は参加者に向かってこう言いました。

「誰もお気づきにならなかったようですが、このA～E案の5つの中期経営計画はすべてサンリオの2003～05年の中期経営計画で、ウェブサイトから持ってきたものです。誰も中身を知らず、内容を見てすらいない、もちろん実施もされていない中期経営計画なら、確かに作っても意味はありませんね」

私がこの会議で周囲の人たちに伝えたかったのは、「次に作る中期経営計画は、ちゃんとみんなで作って実行しましょう」ということだけです。

荒療治《あらりょうじ》ではあったと思いますが、全員が心から「今までの中期経営計画ではダメだ」と認識し、協力し合う体制を作るためには、ある程度のショックを感じてもらう必要がありました。

実際にその後、社内の中期経営計画に対する意識は変わったと感じています。「私も中期経営計画はちゃんと作るべきだと思います」という人が次々と出てきて、チームに加わってくれるようにもなったのです。

「波風を立てないほうがいい」と考えていると、空気を読んで、できるだけ自己主張をしないようになってしまいがちです。**波風が立っていないということは、一歩踏み込んだ行動ができていないことの裏返しだと見ることもできます。**

変化を起こして大きな結果を出すには、行動し、ときに波風を立てることが必要です。私は、若い人ほど「変化を起こすのだ」という気概を持って仕事に臨んでほしいと思っています。

23

年下の部下にも接し方を変えず、丁寧語を使う

私は誰に対しても「さん」づけで呼び、丁寧語で話すようにしています。

会社では名前に役職をつけて「○○部長」などと呼び合う文化を持つところも多いでしょう。サンリオでも、役職名で呼び合う習慣が定着しています。

しかし、私は役職名で呼ぶと立場の上下に意識が向きやすくなり、ストレートにものを言いにくくなってしまう面がある気がしています。ですから、相手が上司であっても部下であっても名字に「さん」をつけて呼ぶようにし、自分のことも役職名ではなく「鳩山さん」と呼んでもらうようにしています（あまりそう呼んでもらえていませんが……）。

丁寧語で話すのは、相手に「あなたを尊重しています」ということを伝えるためです。

たとえば、若手社員にコピーを頼む場合も、「コピーをお願いできますか」と言います。もちろん、場合によってはこのような言い方は相手との距離を生んでしまうこともあるかもしれません。また、急いでいるときなどについ「○○君を呼んで」などと言葉遣いが荒くなることもあります。しかし、**なるべく「誰に対しても接し方を変えない」ことを心がけているつもりです。**

人によっては、立場が上になるほど、呼び方や言葉の選び方で上下関係を明確にしようとする方もいるでしょう。

私がそれをしないのは、もともと「人には丁寧に接するべきだ」と思っていることもありますが、理由はそれだけではありません。「自分のほうが立場が上だ」ということを暗に強調するようなコミュニケーションでは、気づかないうちに「裸の王様」になってしまうかもしれないからです。

私は、**仕事では互いに考えを率直に伝え合うことが必要**だと思っています。部下であれ上司であれ、それは変わりません。

ですから、部下とは遠慮なく率直な意見を言ってもらえるようにコミュニケーションをしたいと思っていますし、上司に対しても、大事なことははっきり自分の意見を伝えるようにしています。

よい仕事をするには、相手を問わず、丁寧かつ率直にコミュニケーションすることが大事だというのが私の考えです。

24

苦手な相手といかにつき合うか

人は、苦手な相手とは距離を置きたがるものです。

私自身、過去には仕事上うまくコミュニケーションがとれずに関係が悪くなってしまった人が何人もいました。

ひとたび関係が悪化すると、互いが「なるべく揉《も》めないように」と考え、できるだけ相手に関わらないようになっていきます。面と向かって言い合うことを避け、「臭いものには蓋《ふた》をする」わけです。

しかし、仕事を進めるうえで、「あの人とはできるだけ話をせずにすませたい」と思ってしまう人がいるのは好ましい状況とはいえません。

仕事で結果を出すにはチームワークが必要であり、ぎくしゃくした人間関係を放置することは避けるべきでしょう。

そもそも、コミュニケーションがとれなくなる場合、一方だけが悪いということはまずありません。ですから、まずは自分の非を認め、関係改善に努めたほうがいいと思います。

私がこのように思うのは、自分自身、**過去の言動を反省し、関わりが薄くなってしまっていた人とできるだけ接点を作って意思疎通を図るようにした結果、一気に関係が改善した経験がたくさんある**からです。

実際のところ、**関係がひどく悪化した相手ほど、ひとたびコミュニケーションがとれるようになると、急速に距離が縮まる**ものだという実感があります。

「苦手であまり話をしていない人」をそのままにしておくと、「話さないから理解できない」「理解できないからさらに苦手になる」という悪循環に陥り、距離がどんどん広がっていくことになりがちです。

悪循環を断ち切るためには、「苦手だ」と感じる人に意識的に話しかけ、詫びるべき点は丁寧にお詫びをして、関係を再構築すべく努力をしたほうがいいのではないかと思います。

25

些細なことほど、おろそかにしない

日本では、ビジネスシーンで求められる基本動作の一つ一つにホスピタリティが込められています。

たとえば、誰かを見送るときにはお辞儀《じぎ》をし、自分の視界から相手が消えるまで頭を下げ続けるものでしょう。大きな会社に行くと、長い廊下を歩いて立ち去る人を見送る場合など、かなりの間、じっとお辞儀をし続けていたりします。

こうした行動はビジネスマナーの問題として捉えられがちですが、実際のところ、相手への気持ちがよく表れる場面であるように思います。

家族や友人、恋人同士でも、「またね」と言って別れた後、振り返ってみたときに相手が立ち止まって自分のことを見ていてくれれば、うれしく感じるものでしょう。

それは、立ち止まっている人の行動から、その人の気持ちを感じとることができるからです。

私は、仕事をするうえでよい人間関係を築くには、相手をリスペクトする気持ちをこうした行動や言葉で日々示すことが大切だと思っています。これは、私自身の過去の反省から感じていることです。

たとえば、私に「サンリオ米国法人のCOOをやらないか」と声をかけてくださった辻邦彦副社長は、いつもさまざまな場面で私に配慮してくださっています。ある時期から、辻副社長は私との別れ際に「見送らなくていいよ」とおっしゃるようになりました。

もしかすると、私は無意識のうちに、配慮していただくことに慣れてしまっていたのかもしれません。「見送らなくていい」と言われるまま、「それでは失礼します」と言って、さっと立ち去ってしまうこともあったように思います。

その頃と時期を同じくして辻副社長とのコミュニケーションが減り、気がつくと、辻副社長が何を考えているのか深く理解できなくなっている自分がいたのです。

あるとき、そのことに思い至った私は、それまでの自分の行動を振り返ってみて、忙しさにかまけて上司である辻副社長とのコミュニケーションをないがしろにしたこと、信頼関係を作る努力を怠っていたこと、そして言葉や態度でリスペクトを示すことを軽視してしまっていたことを反省しました。

自分を変えなければならないと思った私がとった行動の一つは、辻副社長と会ったときは姿が見えなくなるまでお辞儀をして見送るといった、**「ビジネスの基本動作」を徹底する**ことでした。

もちろん、「お辞儀をして見送る」というのは、あくまで一つの例です。「頭を下げればいい」ということではなく、**「相手への敬意を、小さな日々の行動の積み重ねのなかで、きちんと伝える努力をする」ことが重要**なのだと思っています。

人間同士のコミュニケーションでは、ふだん思っている以上に、言葉や態度で示さなければ、本当の気持ちはなかなか伝わらないものです。一つ一つの行動の意味を考え、慣れ親しんだ関係に甘えすぎることなく、自分の気持ちを伝えられるようにしたいと思っています。

26

耳の痛い話を積極的にとりに行く

ゴルフやテニスのフォームは、自分一人で改善しようとしてもなかなかうまくいかないものです。自分のフォームを直接見ることはできないので、周りから見れば明らかにおかしなところがあっても、なかなか気づけないのです。

仕事で問題を抱えているときにも、同じことがいえます。「自分のどこが悪いのか」と一人で考えていても、状況を客観的に見ることができなければ、なかなか答えにはたどりつけないものでしょう。

ですから、問題が起きたときには、ゴルフやテニスのフォームを他人に見てもらうのと同様、人に意見を求めてそれに耳を傾けることが必要です。

一人で解決できずに思い悩んでいることも、身近な人に相談してみると、「それは君にこれが欠けているからじゃないか」というように明白な原因を指摘されることが少なくありません。

先輩や上司に囲まれている若手社会人なら、自分から相談しなくても、周囲から「君のスイングはものすごくおかしいよ」といった指摘を受けるチャンスがあるものです。

ところが、若いうちは上から言われたことに反発を感じがちで、耳の痛い話を聞くと、「そうは言うけれど、先輩だって……」などと内心反論してしまったりします。

これは、非常にもったいないことです。

せっかく客観的な意見をもらえているのに、それに素直に耳を傾けずにいれば、だんだん誰も助言をしてくれなくなります。すると、いつまでたってもおかしなフォームでクラブを振り続けることになりかねません。

身近な人から手厳しい指摘を受けたときは、反発する気持ちを意識的にぐっと飲み込み、意見を冷静に聞くことが大切です。

若い頃にはたくさん聞かされていた耳の痛い意見も、ポジションが上がっていくと、誰も言ってくれなくなります。30代以上で、「言われてみれば、最近は周囲からフィードバックをもらえなくなったな」と感じる人もいるかもしれません。

もしもそうなってしまっていたら、周囲の人に自分から意見を求めに行くよう注意しなくてはなりません。いつまでも結果を出し続けたいなら、**厳しい意見をあえて聞きに行く努力をし、崩れたフォームをその時々で修正していく**ことです。

私自身、仕事で悩んだり迷ったりしたときは、身近な人にどんどん意見を聞きに行くようにしています。**成長し続けるためには、いくつになってもどんな立場になっても謙虚に人に教えを乞《こ》い、人から学びを得ることが必要なのだと思います。**

27 立場はつねに逆転しうると心得る

三菱商事からエイベックスに出向したとき、私は身をもって「人間関係はいつ逆転するかわからないものだ」ということを実感しました。

それまでの私にとって、エイベックスは取引先の企業の一つであり、「お客様」でした。いろいろな方とのおつき合いがありましたが、なかには、10回アポイントをとってもそのうちの1回しか会ってくれず、悔しい思いをさせられた人もいたものです。

ところが、当時エイベックスの依田会長に音楽配信ビジネスを提案し、その提案が通ってエイベックスに出向すると、それまで「お客様」だった人たちの多くが、私の同僚や部下になりました。なんと、めったに会ってもらえなかった人まで自分の部下になったのです。

サンリオに転職したときも、似たようなことは起こりました。それまで長らく取引先の会社としておつき合いをしていたので、「営業マンとお客様」という関係でたくさんの方にかわいがってもらっていましたが、気がつくと私が上の立場になっていました。

こうしたことは誰にでも起こりえますし、別のパターンも考えられます。

たとえば今、私のことを「いやな上司だ」と思っている部下がいたとして、その部下が取引先に転職したり、将来、自分の上司になったり、重要なビジネスパートナーになったりすることもありうるわけです。

人間関係の「上下」を絶対視して、「自分の立場が上だから」と人を見くだしたり、ないがしろにしたりすることは、避けるべきだと思います。

もちろん仕事上、「要求すべきことはきちんと要求する取引先」として営業担当者と接したり、「厳しい上司」として部下に耳の痛いことをはっきり言ったりすることは必要です。

しかし、立場に乗じて傲慢《ごうまん》になっていないか、自省することを忘れてはならないと思います。少なくとも個人と個人の関係においては、**つねに相手に敬意を払いながら、つき合うようにしたい**と思っています。

28

ビジネススクールとケネディスクールで学んだ2つのリーダーシップ

ひとくちにリーダーシップといっても、定義はさまざまです。

三菱商事時代、ハーバードのビジネススクールに留学したときに学んだリーダーシップは、戦略を立て、実行し、結果を出すためのものでした。強くビジネスを牽引する人こそリーダーであり、会社をよくするためには、ときにリストラのような厳しい判断をくだすことも求められます。

一方、サンリオに転職して4年目の2012年、38歳のときにハーバードのケネディスクールでのリーダーシッププログラムの研修で学んだリーダーシップは、ビジネススクールで学んだものとは大きな違いがありました。

ケネディスクールは、ハーバードビジネススクールに続く世界最高峰のリーダー養成機関といわれており、特に政治や行政分野に多くの人材を輩出しています。そのケネディスクールにおけるリーダーシップの定義は政治的な考え方にもとづいたもので、一言でいえば「民衆に受け入れられる最大の変化をもたらす」ことです。

企業の場合、たとえばトップが株主を代表してリストラをし、従業員から反発されても、それで業績が回復すれば、トップがクビになることはありません。むしろ、そうしたことが推奨《すいしょう》されていると思います。

しかし政治家の場合、多くの人から支持を得なければ選挙で議員や首長などの地位を得ることができず、政治家として存在することができなくなってしまいます。

ですから、人々の痛みを理解して共有し、痛みが受け入れられる範囲で変革を起こしていかなくてはなりません。

2つのリーダーシップの違いを知ったとき、私は自分が完全にハーバードのビジネススクールで学んだリーダーシップを実践していたことに思い当たりました。実際に、サンリオに転職してからというもの、業績を回復することに注力し、そのためには厳しい判断もいとわず邁進《まいしん》してきました。

私が行った改革は、株主からは支持を得られたと思います。サンリオの株価は、大きく回復しました。

しかし、いざ業績が回復して周りを見渡すと、社内で私を支持してくれる人はあまりいなかったのです。

ビジネススクールとケネディスクールのリーダーシップで、一番違うのは「**時間軸**」です。

ビジネスでは四半期ごとの業績という短期間での結果が重要視されますが、政治では国境問題、国際摩擦、教育、医療問題など、場合によっては10年、20年かけて少しずつ解決していかなければならない問題にとり組んでいきます。

ビジネススクールのリーダーシップの考え方に従えば、ビジネスにおいては有能な人材を集め、能力のない人はどんどん切ってチームを作っていけばいいということになります。現に、アメリカ企業ではこうした考え方が主流になっています。

しかし、日本の企業にはこうした考えはなじみません。会社が危機的な状況にあるときなら「非常事態だから」と厳しい判断も受け入れられますが、**平穏な状態に戻れば、多くの人の意見に耳を傾け、時間をかけて多くの支持を集めるようなリーダーシップで組織を変革していかなければ、組織運営が立ち行かなくなってしまいます。**

私はケネディスクールでリーダーシップを学んだ後、自分のリーダーシップのスタイルを変えました。

それまでのやり方と根本的な考え方がまったく異なるうえ、私にはもともと「ダメなものはダメだ」と切り捨てたほうが合理的だという思考があったので、自分を変えるのにはかなりの努力が必要でした。

しかし、**時間をかけて周囲の支持を集めなければ、私がイメージしているような変革を起こしていくことはできないのです。**シンプルにいえば、**私は周囲の人の気持ちや、会社に対するみんなの思いについて考えが足りていなかった**のだと思います。

私は今、社員全員との関係作りを大切にしています。そして、多くの人に理解され、支持を得て認められるような方法で仕事を進めるよう努めています。

ゼロから関係の構築をやり直したことで、少しずつ、周囲と思いを共有できるようになってきていると感じています。

第3章のまとめ

☑ おつき合いのある会社の近くまで行くときは、用事がなくても立ち寄る

☑ 人にしがみついて何かを得る努力をする人のほうが成長する

☑ 大きな結果を出すために、ときに波風を立てる

☑ ぎくしゃくした人間関係をそのままにすることは避ける

☑ 苦手な人にも意識的に話しかける努力をする

☑ 身近な人から手厳しい指摘を受けたときは、反発する気持ちをぐっと飲み込み、意見を冷静に聞く

☑ 厳しい意見をあえて聞きに行き、その時々で修正していく

☑ 立場に乗じて傲慢になっていないか、自省することを忘れない

第4章
今の時間の使い方が、3カ月後の仕事の実績を左右する

29

時間の使い方には細心の注意を払う

役職者になると、スケジュール管理をほかの人に任せるケースが少なくないようですが、私は今でもスケジュールはすべて自分で管理していますし、今後も自分で管理し続けると思います。それは、**時間というものが最も重要なリソースだと考えているからです**。

みなさんにも、自分が何に時間を使いたいのか、そして実際には何に時間を使っているのかということをよく考えてみていただきたいと思います。

時間は誰にでも等しく1日24時間しかありません。その使い方しだいで、3カ月後、3年後の仕事の結果が大きく変わるのはもちろん、自分の人生そのものもガラリと変わる可能性があります。

私が自分のスケジュールを管理するときに重視しているのは、自分がやりたいことと、やるべきこととの時間の配分を一致させることです。

仕事でもプライベートでも、何か大きな目的を達成するには、それを達成するための戦略が必要であり、その戦略を日々の行動に落とし込んで、実行していく必要があります。

このような視点を持って自分の毎日のスケジュールを見るなら、**行動予定や合間の考えごとをしている時間などが「どんな目的に結びついているか」を考えなくてはなりません。**そのうえで、**より強く「やりたい」「やるべきだ」と思っていることには、より多くの時間を割《さ》く**ようにする必要があります。

繰り返しになりますが、時間は限りある貴重なリソースです。時間をより適切に配分することが、予算や努力といったほかのリソースを最も引き立て、大きな結果を導き出すことになるのだということを、いつも頭に入れておくべきだと思っています。

特に学生や若手社会人の方には、「**朝は早く起き、夜は遅く寝る**」ことをアドバイスしたいと思います。

私が無茶を言っているように感じるかもしれませんが、体力があって身体を壊さずにすむなら、睡眠時間を削ることは「使える時間」というリソースを増やす方法として有効です。

私自身、これまで多少の無理もしながら、仕事に時間を費やしてきました。大きな仕事をやり遂げるためには、これは必要なことだったと思っています。

最近でこそ身体のことを考えてあまり無理をしないように気をつけていますが、今でも1日2、3時間の睡眠で1週間を乗り切ることもあります。

一生の間に使える時間は限られています。そのことをつねに意識し、時間を使っていきたいと思っています。

30

やるべきことを箇条書きにする

私は日々のスケジュール管理のため、よくタスクリスト（To Doリスト）を書き出しています。タスクリストを作るのはだいたい朝で、その日にやるべきことを、パソコンで箇条書きにします。

時間をうまく管理するためには、**タスクリストを書き出した後が重要**です。

たとえばある日のタスクリストは、「韓国の弁護士とのミーティング」「取引先との打ち合わせ」「前の晩に店に置き忘れた携帯をとりに行く」「病院に行って薬を処方してもらう」「ヨーロッパ法人に電話してミーティングのアレンジ」「米国法人の社員にメール」「夕方のフライトでアメリカに移動」といった項目が並んでいました。

このように項目を書き出したら、**レイヤーを変えて並べ直します**。

たとえば、「韓国の弁護士とのミーティング」「取引先との打ち合わせ」はアジア地域のビジネスに関する仕事です。「病院に行く」「携帯をとりに行く」はプライベート。「ヨーロッパのミーティングのアレンジ」は欧州地域のビジネスに関するタスクで……といったように、目的に応じてタスクを分類するのです。

一方、このとき「今の自分にとって最も多くのリソースを割くべき重要な仕事は何か」と考えてみると、実は中期経営計画の策定こそが最優先でした。**そのことを認識したうえでもう一度分類したタスクを見ると、最も重要なはずの中期経営計画に関するタスクが一つも含まれていないことがわかります。**

さらに、「仕事」に割いている時間が長いことがわかると、「運動する時間がまったくとれていないのではないか」という気づきも生まれます。体調管理はいつも私の盲点になっていて、何かと後回しにしてしまいがちです。

このように、**タスクを一段上のレイヤーで分類してみると、「やるべきこと」と「時間」の配分がずれている状態が一目瞭然になります。**

もちろん、1週間、1カ月といった単位で考えて整合性がとれていればかまわないのですが、「ずっとこまごまとしたタスクに追われていて、気がついたら中期経営計画を練る時間をとれないまま1カ月たってしまった」「根本的には睡眠時間が足りていないのが問題なのに、そこはまったく解決されていない」というようなことは、往々にして起きがちなものなのです。

読者のみなさんも、タスクリストを作って仕事の進捗を管理している方は多いと思います。ですが、タスクリストはただつぶしていくために書き出すのではなく、**視点を変えて整理してこそ、時間管理に役立つものだということを頭に入れておくべきです。**

自分の努力や時間が、本来やるべきことのために費やされているかどうかは、つねに日々の行動レベルでチェックする必要があります。改めて見直してみれば、重要度とリソースの配分が一致していないことは多々あるはずです。

そのギャップを埋めなくては、いつまでたっても「本当にやるべきこと」に時間を割くことができず、重要な仕事を納得いくようにやり遂げることは難しいもの。タスクリストと、中長期でやるべきことの間をつねに行ったり来たりしてチェックし、時間の使い方を変えていくといいと思います。

31 同時に複数の仕事をこなす

パソコンもスマートフォンも、かつては一つのアプリケーションしか起動できない時代がありました。しかし、今では複数のアプリケーションを同時に立ち上げて、並行して処理することが可能になっています。

現代は、同時に複数の仕事をこなすことが求められる時代です。これはビジネスの場面でも同様で、一度に一つのことしかできない人は、どんどんとり残されていってしまいます。ビジネスパーソンとして成長し、大きな結果を出したいと望むのであれば、「同時に複数の仕事をこなす」ことを意識し、進めていく力をつけることが必要です。

たとえば一つのプロジェクトを担当していた人が複数のプロジェクトに同時に入る

ようになったり、一つの会社とだけ取引していた人が複数の会社と関わるようになったりすると、仕事はどんどん増えて管理の重要性が増していきます。

こうした経験を重ねて複数の仕事がこなせるようになって、初めてプロジェクト全体のマネジメントができるようになります。

さらに複数のプロジェクトをマネジメントする力がつくと、部門全体の戦略に関われるようになります。加えて、マーケティングやファイナンスなどの側面も見ることができるようになって、やっと企業全体のマネジメントが可能になるわけです。

そして、企業のトップに立つようになると、次はグループ会社を含め、場合によっては数十社の企業を見ることになります。

最初は一つの仕事から始めるにしても、**いずれは複数の仕事ができるようになり、さらにその後もより多くの仕事をこなせるように進化していかなければ、会社組織のなかで上の層に上がっていくことはできません。**

いくつになっても一つの仕事しかできない人は、別の仕事を与えられたときに「時間がないから」「手が回らないから」などと理由をつけて、「時間ができたらやろう」

と考えがちなようです。

しかし、「時間ができたらやれる、今はできなくても仕方がない」と考えず、**「今、現実にやるべきことができていない自分」と向き合って、状況を改善していくべきだと思います。**

32

やり方を変えなければならないほど仕事をあふれさせる

マルチタスク（複数の仕事）をこなせるようになるには、慣れも必要です。

実は私自身、昔はマルチタスクをこなせるタイプではありませんでした。一つ一つの仕事に時間も労力もかけながらしっかりとり組もうと思うと、なかなか複数のことを同時に処理できなかったのです。

三菱商事に入社した当初は、レポートを1枚書くだけの仕事に1日も2日もかけたこともありました。ですから、一つの仕事しかこなせない人に対して「そんなことではダメだ」などと偉そうに言える身ではありません。

しかし、自分がマルチタスク型になれた経緯があるからこそ、特に若い人には「慣れもあるから、『できません』と言わずに、まずは複数のタスクに挑戦してみたほうがいい」とアドバイスしたいと思います。

マルチタスクを恐れずに仕事を増やしていかなければ、いつまでたっても仕事のキャパシティは大きくなりません。これはマラソンに挑戦しようとする人が走る距離を5キロ、10キロと徐々に延ばしていくのと同じです。意識的に負荷を増していかなければ、42・195キロを走り通せるようにはなりません。

自分の能力の限界を超えていくことによってしか、限界値を引き上げることはできないのです。

もう一つ意識していただきたいのは、**マルチタスクをこなせるようになるには、心理的なバリアを破る必要がある**ということです。

たとえば、スマートフォンを持った後でタブレットPCを持つと、重いと感じるでしょう。しかし、一昔前のノートパソコンを持った後なら、タブレットPCは軽く感じるはずです。つまり、人が感じる物事の軽重には、心理的な影響がかなり大きいということです。

これは仕事についても同様で、一度大きな仕事に挑戦すると、今までやっていた仕事の負荷が軽くなったように感じます。ですから、複数の仕事を同時にやるのが大変そうだと感じるなら、もっと大変な仕事をイメージして、「それよりはずっと簡単だ」と考えるように発想を変えることが有効です。

逆にいえば、「これは大変そうだ、私には無理だ」と考えることは、自分から心理的なバリアを張っているようなものですから、意識的に「無理です」と口にするのをやめることが、本来の能力を発揮するために役立つように思います。

マルチタスク型に慣れが必要なのは、**タスクをあふれさせることが、仕事のやり方を変えることにつながっていく**からでもあります。

仕事をどれくらいこなせるかは、「時間×能力×やり方」で決まります。人間のキャパシティは、時間に関しては全員が同じ条件です。この式において結果を最大化するなら、「能力を高めること」と「やり方を変えること」が重要だということです。

能力は一朝一夕にはなかなか変わりませんが、**仕事のやり方は変えようと思えば、どんどん変えていくことができます**。

しかし、変えなければならない状況に追い込まれないと、人は自分のやり方を変えようとはしないものでもあります。**「やり方を変えなくてはこなしきれないくらい仕事をあふれさせる」ことで、半ば強制的に変えていくのが一つの方法なのだと思います。**

33

やると決めたら何があっても最後までやりきる

外国の昔話には、よくマーメイドが登場します。荒れる海のなか、船長が美しいマーメイドの「こちらにいらっしゃい」という言葉に誘われるままに進んでいくと、海底に引きずり込まれてしまう……といったパターンが多いようです。

昔話には必ず何かしらの教訓があるものです。「マーメイドの誘惑」が現代の私たちに教えてくれるのは、「目的を決めても、人は誘惑に負けてずるずると楽なほうに引きずられてしまいがちなものであり、誘惑に負けないように強い意志を持つ必要がある」ということだと思っています。

実際、楽をしようというつもりがなくても、仕事が立て込んでくれば、やるべきことを絞り込まなくてはならない場面は出てくるでしょう。特に、周囲からの強制力が働かないことに関しては、後回しにしたり、「もうやめてしまおうか」と考えたりすることになりがちです。

たとえば、「ゆくゆくは海外事業に関わりたい」と思って英語の勉強を始めたとしても、今の業務で英語力を要求されているわけではない場合、仕事が忙しいと勉強を後回しにしたくなるかもしれません。

あるいは、今の業務とは関係のない新企画を提案しようと決めたのに、日々の業務に追われるうちに「もうやらなくてもいいかな……」と考えてしまうといったケースもあるでしょう。

私自身も、「これをやらなければ楽になる」という誘惑に負けそうになることはあります。

たとえばこの本にしても、仕事をしっかりやりながら執筆の時間を確保するのはなかなか大変ですし、どんなテーマを盛り込むか取捨選択するのも骨の折れる作業です。

しかし、途中でくじけそうになりながらも、私は何とか原稿のために力を注いでいます。

「マーメイドの誘惑」に負けずにいられるのは、この本を書き始めた背景に「自分がやってきたこと、考えてきたことを、40歳までに一度形にしておきたい」という動機があり、それが大きな目標になっているからです。

誘惑に負けて楽な道に逃げないようにするには、**目標を明確にし、「やると決めたからには無理をしてでも時間をとり、何があっても最後までやり遂げる」という意志を持ってとり組む**ことが必要なのだと思います。

34

年に一度、仕事を振り返って履歴書を書く

時間の使い方をより高い視点でチェックするには、1年単位で「自分がどんなことに最も時間を費やしたか」「その結果、どんな成果を出せたか」を見直す作業がお勧めです。

私は毎年、年末に自分の履歴書を書き直すことを習慣にしています。**1年の仕事の実績を整理するとともに、自分のなかで改善できたことは何か、新たに加えられたスキルセットは何かを振り返って、紙にまとめておく**のです。これは、15年近く前からずっと継続しています。

ちなみに、履歴書を書くときは必ず1枚にまとめます。

履歴書は自分の歴史を表し、未来の自分にいかにつながっていくかを示すものです。

どのような人生を作ってきたのか、そしてこれからの人生をどう作っていきたいのかをよく考えて凝縮することが重要だと私は思っています。

「1枚」という制約のなかで整理すると、「思い出したことを羅列していたら散漫になってしまった」といった事態を防ぐことができます。

履歴書を書いたら、1年間に自分がどんなことをやってきたかを振り返りながら、**「来年は何をやっていくか」「どんなスキルセットを身につけるか」を検討します。**

こうして長期的な視野でキャリアプランを考え、大きな目標を持つことが、日々の時間の使い方に反映されていくのです。

第4章のまとめ

- ☑ より強く「やりたい」「やるべきだ」と思っていることには、より多くの時間を割く
- ☑ 自分の努力や時間がやるべきことのために費やされているかどうか、毎日の行動でチェックする
- ☑ 自分の能力の限界を超えていくことで、限界値を引き上げていく
- ☑ マルチタスクをこなせるようになるために、心理的なバリアを破る
- ☑ 仕事のやり方は、自分しだいで驚くほど変わる
- ☑ 仕事のやり方を変えられないなら、タスクをあふれさせて自分を追い込む

第5章
現状に満足した瞬間、成長はストップする

35

4番バッターが監督になって成果が出せないのはなぜか

これはリーダーシップ論でよくいわれることですが、「野球で4番バッターだったスター選手が、監督になったとたんにまったく成果が出せなくなる」というケースのように、ビジネスにおいても「現場で大活躍していた人が、リーダーになったら力を発揮できない」というパターンはよく見られます。

これはなぜかといえば、**「元4番バッター」は自分の実績を引きずってしまいがち**だからです。チームのメンバーを見るときもバットの振り方にばかりこだわり、メンバーのモチベーション向上には関心が薄く、「最後は4番が打てばいいんだろう」と考える……といった具合です。

そして、こうした問題は周囲から見れば明白であっても、当の本人はどこに問題があるのか理解できないのです。

現場で結果を出してきた人ほど、このようなパターンに陥らないようにしなくてはなりません。

「この仕事は自分がやらなければならない、自分がやれば結果が出せるんだ」と思い込んで現場から手を離さずにいれば、**いつまでたっても、ほかの人がその仕事にチャレンジする機会を得られません。**いずれは「その人がいなくなったら、その仕事は終わり」ということになってしまうでしょう。

また、ポジションが上がっていってもマネジメントに徹することができず、いつまでも現場にこだわっていると、その分だけポジション相応の時間の配分が難しくなります。新たに必要となるスキルセットを身につけることがおろそかになったり、ポジションに応じたタスクがこなしきれなかったりという弊害も生みかねません。

どんなにバッティングにこだわってきた4番バッターでも、いずれはバットを手放さなくてはなりません。ポジションが上がっていくときは、このことに自覚的になることが必要だと思います。

36

成果を出した仕事を手放すと、不思議と別のチャンスが生まれる

サンリオに転職して米国法人ＣＯＯとして海外事業を任されると、私は物販事業からライセンス事業へと大きくかじを切りました。これが奏功して、海外事業は急成長。当時の私は、自分が海外事業を育てたという気持ちが強く、自分が出している結果にも自信を持っていました。

ところがあるとき、私は辻副社長から「海外事業以外のことをやってほしい」と言われたのです。「大学院に行って勉強してもいい」とも言われました。

海外事業の成長のためにほとんどの時間を費やしていた当時の私にとって、それは素直に受け入れがたい指示でした。「せっかく海外事業が伸びているのに、なぜほかのことをやらなくてはならないのか」と、ずいぶん長い間、悩んだのです。

しかし、時間を置いて冷静に自分の状況を分析してみて、私はもともと海外事業以外にもたくさんやりたいことがあったのだと思い出しました。

キャラクターのM&Aやシステムの刷新、映像制作など、転職した当初は「あれもやりたい、これもやりたい」と考えていたのに、**ほとんど手つかずのまま**でした。

大学院の話にしても、口では「また大学院で勉強したい」と言っていたのに、自己啓発がおろそかになっていたことに気づきました。

こうして私は時間のほとんどを海外事業にばかりつぎ込んでいたのです。

このことに気づくと、私は「次のステージにいくためには、今、海外事業の現場から離れるべきだ」と考えるようになりました。

海外事業ばかりに目が向いている私の様子に、辻副社長は「あえて海外事業と少し距離を置き、ほかのことも見たほうがいい」と思ったのかもしれません。それに大学院に行ってもいいというお話が出たのも、私自身が「いつかまた法科大学院に行きたい」と言っていたことを覚えていて、提案してくださっていたのではないかとも思い至りました。

私は、海外事業を副会長という立場になって継続して見る一方、現場の仕事はできる限りほかのメンバーに任せて、「やりたいと思っていたはずなのに、ないがしろになっていたこと」に割く時間を意識的に増やしていこうと決めました。今から、2年ほど前のことです。

抱えていた仕事から手を離すと、その分だけリソースが空きます。すると、おもしろいように新たなチャンスに恵まれるようになりました。

まず、時間ができたのでサンフランシスコに行って、IT企業の人にたくさん会いました。最先端のIT企業に勤める友人に今の業界動向を聞いたり、ベンチャーキャピタルで働く人に会って「新ファンドを作って一緒に投資しよう」と盛り上がって、実際に動き始めたりもしました。

システムに関しては、他社がどう対応しているのか事例をたくさん集めるうちに「これはおもしろい」とのめり込み、結局、グローバルにシステムを刷新するプロジエクトを始めることにしました。小売のシステムも最新のものにすれば、サンリオのお店をアップルストアのような斬新なスタイルに変革できるかもしれません。

新たに手がけたことは、すべてある程度の成果が見えつつあります。M&Aにおいてはミスターメンの買収に成功し、システムの入れ替えも着々と進んでいますし、ベンチャーへの出資もベンチャーキャピタルを通じて始めました。

ハーバードケネディスクールでは、前述のリーダーシッププログラムと危機管理のプログラムを、ハーバードロースクールでは交渉のプログラムを受講し、新たなスキルセットも身につけられたと思います。

これらはすべて、長い目でみて私を育てようとしてくださった、辻副社長のおかげだと思っています。

読者のみなさんにも、思い当たるふしがあるかもしれません。

長くやってきて実績も上げている仕事があるのに、急に「ほかの仕事をやってほしい」という辞令を受けることは、会社に勤めていればいつでも起こりうるものです。

そして、「自分だからこそここまでやれた」という自負があるほど、ほかの人に任せることに抵抗を覚えるのも当然でしょう。

しかし、このような場面では、**「今の仕事」にこだわらず、逆転の発想で「次のステージに進むためのチャンスだ」と考えるべきです。その思考が自分を成長させ、会社への貢献につながるのではないかと思います。**

37 結果を出した後こそ、さらに大胆になる

最近、ある方から「これからの鳩山さんは、大胆さが必要になってくるね」と言われ、そのことをずっと意識しています。

私はサンリオに入社した後、海外事業の再生を手がけました。このときは、物販からライセンスへと事業の方向性を大きく変えるなど、相当に大胆な施策を矢継ぎ早に行っていたわけです。そして海外事業の再生がある程度の成功を収めると、今度はその事業を安定的に伸ばすことが求められるようになります。

事業再生で求められるスキルセットと、安定的に事業を成長させるためのスキルセットは別のものであり、後者では大胆さはあまり求められません。

しかし、さらに別の新たなうねりを起こそうと思うなら、また大胆なことに挑戦する必要があります。

今のサンリオの営業利益は約200億円ですが、たとえば営業利益を倍以上の500億円に拡大させたいのであれば、今までとは別のさらに大胆なことをしなければ簡単にはできないわけです。そのためには何をしていけばよいのか、新たに考えなくてはなりません。

「大胆さ」を発揮するためにまず考えたのは、自分のスキルセットの棚卸《たなおろ》しをすることでした。

一時期は海外拠点をマネジメントするスキルだけで、事業を安定的に成長させることができていましたが、もとをただせば、事業構造を変えて大きなうねりを生み出すというスキルがあって、事業が安定して伸びる軌道に乗せることができたわけです。直接的な成功要因である「うねりを作る」ことをせず、海外事業のマネジメントにばかり注力していたのでは、次の成長が望めないことは明らかです。

海外事業の再生にとり組み始めたときと今とでは、私はポジションが異なります。常務となり、海外事業だけでなくさまざまなプロジェクトを見る立場になった今、新たな挑戦は現場に任せ、一歩引いてマネジメントに注力するというのも、一つの考え方なのかもしれません。

しかし、**人は満足すれば、そこで成長が止まってしまいます。さらに先に進んでいくためには現状に安住せず、新たな一歩を踏み出す努力が必要です**。それは何をすることなのかを想像し、そのための新たなスキルセットを身につけ、それをもって大胆な施策に打って出ることを続けていきたいと思っています。

現在はサンリオの常務として、今までとは別のうねりを作っていくことに注力しています。

一方で、今後の自分の人生について考えるなら、**現状の延長線上だけで一生を終えない可能性を視野に入れておく**ことも必要だと思っています。

サンリオで自分のポジションがどう変わっていくのか、サンリオという会社そのものがどのように変化していくのかは誰にも予測できません。

人生は何が起こるかわからず、不安定なものだという前提に立てば、「自分がまた別のステージに立ったとき、ゼロから新たな仕事を始めても活躍できる人材になれるのかどうか」を考えてみなくてはなりません。

この点では、今のままで経験が十分だとは、とてもいえないと思っています。

ですから、たとえば今はDeNAの社外取締役をすることで新たな知識・経験を身につけようとしていますが、エンターテインメントとはまた別の業界の企業で社外取締役になるなど、視野を広げる機会を積極的に作っていきたいと思っています。

「私の人生でやるべきことはやり切った」と満足してしまえば、そこで成長は止まります。

今まで以上に大きな結果を出していくためには、つねに「この先」を想像し、足りない部分を学び、大胆さを失わず果敢なチャレンジを続けていくことが必要なのだと思います。

38

ときにはあえて妥協する

一般に、妥協することはよくないとされています。「達成するのだと決めたことがあったら、一切の妥協をせずにやり抜くべきだ」と言われれば、「その通りだ」と思う方が多いのではないでしょうか。

しかし、達成したい大きな目的があるときこそ、「妥協していいこと」と「妥協してはいけないこと」の線引きをし、ときにはあえて妥協する道を選ぶことも必要です。

これはどういうことかというと、「目標を達成するための道のりは、一直線の右肩上がりであるとは限らない。途中で下り坂になったり立ち止まったりすることがあっても、そこで『失敗した』とあきらめるのではなく、**長い目で見て全体が右肩上がりになっていればよい**」ということです（図表３）。坂を下りたり、立ち止まったりす

図表3　達成の度合いは右肩上がりではない

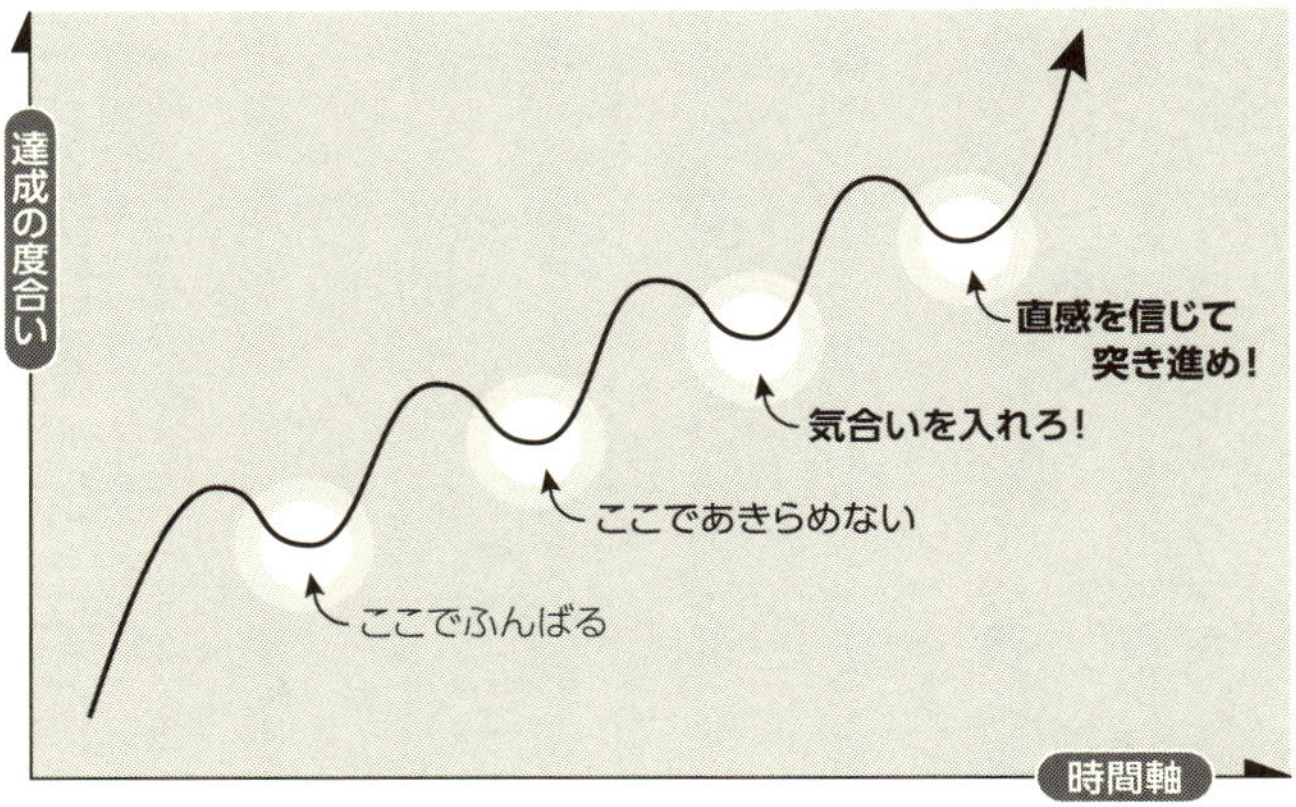
達成の度合い
直感を信じて
突き進め！
気合いを入れろ！
ここであきらめない
ここでふんばる
時間軸

ることが「妥協」だとしても、長期で目標を達成するために必要なことなら、それを受け入れたほうがいいと私は思っています。

私が2年ほど前に海外事業の現場から少し距離を置くことになったことは前に触れました。

私はスピード感のある会社の成長を目指すのであれば海外事業のさらなる強化が重要だと思っていましたから、自分が現場から離れるときは、ある意味で「妥協した」といえるのかもしれません。

好き好んで海外事業にどっぷりとつか

っていた私が現場から手を引けば、そのことによって成長が鈍化するかもしれないと心配しましたし、私が頭のなかで思い描いていたようには事業は展開しないだろうとも思いました。

しかし、時間軸を変えて見れば、私は会社の持続的な成長という大きな目標を変わらず持ち続けています。

海外事業の現場をほかのメンバーに任せることで、会社は私に何があっても持続的に事業を伸ばしていく体制を作ることができるでしょう。もちろん、その過程でもしも海外事業が失速するようなことがあれば、そのときにまた私が関与を強めることがあってもいいと思っています。

以前の私なら、自分が力を入れて実績も出してきた仕事から途中で手を離すというのは「妥協」であり、自分のなかで何か大事なものを曲げてしまったかのように感じたと思います。

しかし、今は「**大事な目標に対しては妥協していない。大きな目標の達成のために、今この瞬間の『妥協』は必要なのだ**」と考えられるようになりました。

似たような状況には、仕事をしていれば誰でも遭遇すると思います。

たとえば、仕事が思うように進まず、「自分は頑張っているのに、環境や周囲の人がよくないからうまくいかない」とイライラすることはないでしょうか。

そのうえ悪いことが重なると、「またダメだった」「どうしてこんなに悪いことばかり起きるのか」とネガティブな思考に陥ってしまったりもするかもしれません。

しかし、悪い状況ばかりがいつまでも続くわけではありません。短期的に目の前で起きていることを見ると致命的に思えることでも、時間軸を変えて長い目で見ることによって、「これもいい経験だったから、次はまた気持ちを切り替えて頑張ろう」と考えることが大切です。

自分にとって悪い環境だと思えることがあると、それを無理やりにでも変えたくなるものですが、**いったん「妥協」してそれを飲み込み、未来に目を向けて進んでいくことのほうが、ずっと建設的な場合もあると思っています。**

39

「ギャップ分析」で自分に足りないものを把握する

日々の仕事に追われていると、「自分がこれからステップアップしていくために何を優先すべきなのか」が見えにくくなることがあります。自分の現状に疑問を感じたり、成長があまり感じられなくなったりしたときは「ギャップ分析」を行い、自分の棚卸しをすることが有効です。

ギャップ分析とは、自分の現状と目指すべき状態のギャップがどこにあるのかを考え、そのギャップを埋める方法を考えることをいいます。

たとえば、私は海外事業の現場から距離を置くことになったとき、「自分が時間を割いていることは何か」「自分の目標は何か」を考えました。そこで気づいたのは、それまでほとんどの時間を割いてきたアメリカ事業やヨーロッパ事業そのものは、自分がやりたいと思っていたことではないということです。

私はサンリオという新しい環境に飛び込み、自分の強みを活かして会社全体を伸ばすということに情熱を注いでいたのであって、対象が物販事業でもテーマパーク事業でも、情熱が失われるわけではなかったのです。このような気づきが生まれると、それぞれの仕事への関わり方や時間の使い方は大きく変わります。

あるいは、ほかの会社をイメージして、「**自分と同じくらいのポジションの人ならどのような視野を持ち、どんなスキルを身につけているか**」と考えてみるのも、ギャップ分析として有効です。

たとえば、「同じキャラクタービジネスをしているディズニーで仕事をするとしたら、今の自分には何が足りないか」「異業種である外食産業、仮にマクドナルドで仕事をするとしたら……」などと考えてみると、自分に不足していること、これからやるべきことはいくらでも見つかります。

ディズニーならキャラクター事業以外にテレビ事業、映画制作、ゲーム開発などのノウハウも必要になりそうですし、日本マクドナルドでは全国3300店舗で働く約16万人の社員をマネジメントしていくスキルが必須でしょう。また、大量のメディア広告や、外食産業特有の商品開発のためのマーケティングに関するノウハウも必要になると思います。

もちろん、私が実際にディズニーや日本マクドナルドで働くかどうかはここでは関係ありません。大事なのは、**ギャップ分析を行うことによって、今の自分に足りないものが何か気づくことです。**

気づきさえすれば、これからは自分に足りない経験を積み、スキルを身につけることを意識して仕事をすることができるからです。

ステップアップしていくための道筋を見失ったときは、みなさんもぜひギャップ分析をとり入れてみてください。

40

「できないこと」を作らない

ある程度の年齢になって仕事の実績も伴ってくると、苦手なことを避け、何事もそれまでに培ったスキルの範囲で対処しようとしてしまいがちです。

どんなに仕事ができるといわれる人でも、初めてチャレンジすることは失敗するのが当たり前なのですが、年を重ねてなお自分の至らない点と向き合うのは、精神的につらいものなのだと思います。

しかし、私はいくつになっても、謙虚に自分の至らなさと向き合っていくことが大切だと思っています。それに、「できないこと」を作っているのは、実は自分の思い込みであることも多いもの。**「無理だ」と決めつけず、「どうやれば可能になるか」と考え、工夫や努力を重ねれば、必ず突破口は見えてくるはずなのです。**

たとえば、「夏の服を着たままエベレストの頂上を目指せ」と言われて、「そんなことは不可能だ」と言うのは簡単です。常識的に考えれば、そうでしょう。

しかし、「無理だ」と決めつけずにあらゆる可能性を考えれば、「ヘリコプターに乗っていけば頂上に立つことができるかもしれない」というようなアイデアを思いつくかもしれません。ここでもし、「いや、頂上を目指すというのは一歩一歩足を運んで登ることだ」と思うなら、それは自分のなかでそのように定義をして限界を定めているために生まれる考えではないでしょうか。

多くの「できない」「無理だ」という判断は、自分の定義の範囲で物事を考え、勝手に限界を決めてしまった結果であることが少なくありません。定義を変え、問題を自分の土俵に持ってくることで、可能性が広がるケースもたくさんあるのです。

問題の本質は、「できない」「無理だ」と思った時点で、工夫や努力を放棄してしまうことでしょう。最初に「無理だ」と思ったとしても、そこから何とか一押し、二押しすることが、筋肉をつけ、脳を鍛え、エネルギーを発揮することにつながるのだと思います。

いくつになっても自分の成果に満足することなく、限界点を先へ先へと押し続けていくことが、持続的な成長を可能にするのです。

第5章のまとめ

- ☑ 「今の仕事」にこだわらず、捨てる勇気を持つ
- ☑ 壁にぶつかったときは、「次のステージに進むためのチャンスだ」と考える
- ☑ つねに「この先」を想像し、大胆さを失わずにチャレンジを続ける
- ☑ ギャップ分析を行うことによって、今の自分に何が足りないかを把握する
- ☑ 「できない」「無理だ」とは思わない
- ☑ 「どうやれば可能になるか」を考え、工夫や努力を重ねる

第6章
私が新人の頃から徹底してきた仕事の基本

41

コピーを頼まれたら、その書類の中身をチェックする

上司から頼まれて書類のコピーをとったり、プレゼン資料に入れるためのグラフを作るように指示されたり、会社で仕事をしていると「雑務」がたくさんあるものです。こうしたこまごまとした作業は、言われた通りにただこなすだけになりがちでしょう。

しかし、**受け身で仕事をしていては成長につなげることはできませんし、よい結果を出すこともできません**。

仕事をするときは、どんなに些細なことでも「**最終的な目的**」を考えてとり組むことが大切です。

たとえばプレゼン資料のためのグラフを作るよう指示されたとき、多くの人は、言われた通りにグラフを作ることだけを考えます。

しかし、**そのグラフがなぜ必要なのか、プレゼンのなかでどのように使われるのか、そもそもプレゼンの全体像はどうなっているのか、プレゼンの目的は何なのか**といったことを考えれば、同じ売上のグラフ一つ作るにしても**意識が変わる**はずです。「10年分のデータならどう見えるか」「他社製品と比較するとどうか」など見せ方の工夫を自分なりに考えられるようになり、上司の指示以上に効果的な見せ方を提案することもできるかもしれません。

ひとくちに「一生懸命、仕事をする」といっても、「言われた通りのグラフを、できるだけ早く作ろう」という姿勢の人と、「最終的な目的」を意識してとり組む人とでは、出せる結果に大きな差がつきます。

コピーとりのような、一見、単純作業に見える仕事にも、「目的」を意識する意義はあります。

そもそも、コピーをとるということは、その書類がどこかで必要とされているということです。また、新人がコピーとりを頼まれたら、それは**書類の中身を見てもよい**ということを意味します。そこで、**「この書類の目的は何なのか」「誰が作ったものな**

のか」に意識を向ければ、会社の動きを知るヒントになるわけです。

「成長して仕事ができるようになりたい」「海外事業に挑戦してみたい」など、誰しも、会社に入った目的や働く理由があるものでしょう。コピーとりやグラフ作りのような「雑務」は、そういった自分の目的と直接つながっていないと感じ、やりがいを見出《みいだ》せない人も多いのではないかと思います。

しかし、どんな雑務であっても、会社が大きな目的の達成を目指すための重要な構成要素になっているものです。「会社の歯車になるのはいやだ」という考え方もあるかもしれませんが、どんなに小さな歯車でも、一つ欠ければ本来あるべき姿にはなりません。

実際、会社の事業というものは一人一人の社員の働きの積み重ねで成り立つものであり、一つの歯車の動きが事業全体に大きな影響を与えることもあるのです。

どんな仕事もないがしろにせず、会社全体を見通す視野を持ち、**「この仕事の最終的な目的は何か」「その目的のために自分ができることは何か」と考える習慣をつける**ことが、社会人として成長し、結果を出すことにつながっていくのだと思います。

42

どんな仕事でも、最初に目標を数値で設定する

私は、どんな仕事でも最初に「**定性**《ていせい》**目標**」と「**定量**《ていりょう》**目標**」を設定します。それは、どのような目標を置くかによって仕事のやり方が変わるからです。会社でも、部下には「必ず定性と定量の両方で目標を立てるように」と言っています。

定性目標とは、「質」に関するものです。たとえばダイエットにとり組む場合、「健康維持」「スタイルをよくする」といった目標が定性目標です。

一方、**定量目標は「量」に関するもの**です。ダイエットなら「3カ月で3キロやせる」というように、具体的な数値で設定します。

このように目標によってやり方が変わることは、ダイエットの例を考えれば理解しやすいでしょう。

ただ体重を落としたいだけなら「食べなければよい」ということになりますが、

「健康維持」を目標とするなら、食事を極端に減らすようなやり方ではなく、カロリーを抑えたバランスのよい食事と適度な運動を組み合わせる方法が望ましいはずです。また、「3カ月で3キロ」なら運動は軽いものでも十分かもしれませんが、もし3カ月で5キロ落とそうと思うなら、より負荷をかけた運動をとり入れる必要があるでしょう。

定性目標と定量目標に関しては、会社で新しいプロジェクトをスタートさせる場合などに「市場を開拓するチャレンジになる」といった定性目標ばかりが語られがちなことに注意しなくてはなりません。

逆にいえば、**「数値で目標を設定する」ということを特に強く意識したほうがいいということです。**

たとえば、あるキャラクターのプロモーションのために新しくウェブサイトを作ることになったとしましょう。

このような場合の企画案は、サイトにどのようなコンテンツを盛り込むのか、サイト内で行う予定のキャンペーンの内容や運営体制などについての説明が多く、数値についてはウェブサイトの訪問者数程度しか触れられていないというパターンが多く見られます。

しかし、仮に新しいサイトが大きくキャラクターの紹介ページ、プレゼントなどのキャンペーン用ページ、グッズの紹介ページの3つにわかれていた場合、**それぞれのページにどれくらいのアクセスが見込まれるかも考えてみる**必要があります。

新サイトを作り始める前には、**想定したアクセス数とそれぞれのページに投入する予算や人員などのリソースの割合を比較してみる**ことも必要でしょう。

もし、投入するリソースと効果が見合わないページがあれば、そのページの制作を中止し、より効果が見込めるページにリソースを集中投下するという考え方もあるわけです。

あるいは、**そもそも「新規にウェブサイトを立ち上げる」ということが目的化していないかどうかも考える**必要があるかもしれません。

妥当な数値目標を設定し、それが達成可能かどうかという視点でプロジェクトを見直すと、「投入するリソースに対して今の企画では効果が十分に得られない」ということが見えてくることもあるからです。

この場合、キャラクターのプロモーションという当初の目的に立ち返り、再度、企画を練り直すべきだということになります。

定性目標と定量目標をしっかり設定することは、「企画ありき」に陥ることなく、仕事を本来あるべき方向に進めていくために欠かせないプロセスなのです。

43 雑務のなかにもチャンスがあると心得る

一緒に仕事をしている社員に、「海外子会社のメンバーが日本に来るので会議をやりたい。そのアレンジを任せたい」と頼んだときのことです。

彼は国内事業でずっと頑張っていて、私は彼の将来に大いに期待を寄せています。以前から「いずれは海外で仕事をしたい」と言っていたことが頭にあったので、「せっかくの機会だから海外とのやりとりを任せよう」と考えたわけです。

ところが、彼は「英語が話せる人と一緒にやりたいのですが……」と言います。聞けば、新入社員で英語が得意な人がいるので、その後輩と一緒にやりたいとのこと。

もしかすると、彼は「せっかく海外から仲間がやってきて行われる会議なのだから、自分の英語力が足りないせいで失敗しないように万全を期したい」と思ったのかもしれません。

あるいは、会議のアレンジのような「雑務」とも思える仕事で、英語が苦手なために無駄なパワーを使うくらいなら、英語が得意な人の力を借りたほうが効率的だと考えたのかもしれません。

しかし、そのときに私が感じたのは、「彼がせっかくのチャンスを活かせないのは、もったいないな」ということでした。

会議のアレンジは、彼にいつも任せている多くの仕事と比べれば、たいした仕事とはいえないかもしれません。それでも、彼が一人で挑戦すれば、外国人の仲間と接点を作るきっかけになりますし、もちろん彼が苦手としている英語でのコミュニケーションのトレーニングにもなります。

いずれ海外で仕事をするとき、ひいては海外子会社のメンバーの上に立つときにも、その経験が必ず役に立つだろうと私は思っていました。

それに、海外とのやりとりといっても、相手はグループ会社の人たちですから、多少コミュニケーションがうまくいかないことがあっても大きな問題にはなりません。

彼が英語に自信がないことは私もよく知っていましたが、何もひるむ必要などないはずだったのです。

彼は、ここで一つのチャンスを手放してしまったことになります。

読者のみなさんは「せっかくの機会だったのに、彼はどうして自分でやろうとしなかったのだろう？」と不思議に思うかもしれません。

しかし、多くの人が自分では気づかないうちに、同様の行動をとっているものだと思います。

「やりたい仕事を任せてもらえず、いつも雑用ばかり」

「企画の仕事をしたいのに、販売の現場に配属されるなんて」

「人と接するのは苦手だから、本当は営業の仕事はやりたくないな」

会社勤めをしていれば、周囲の人が与えられた仕事に不満を持っていたり、「たいした仕事ではないから」と本気でとり組まなかったりするケースを目にする機会があるでしょう。もしかしたら、あなた自身も身に覚えがあるかもしれません。

しかし、一見「やりたいこと」からかけ離れていたり、「たいした仕事ではない」と思えたりすることでも、上司は先々のことまでよく考え、何らかの経験を積ませるためにやらせている可能性があります。

そして、**どんな仕事でも、どのような姿勢でとり組んでいるのかをよく見ている**ものなのです。

仕事を与えられる立場にある人は、自分が何らかの機会をもらっているのだということをつねに意識すべきです。どんな仕事も、自分にとってどんな意味を持つ機会なのかをよく考え、その機会を逃さないことが重要です。

44

自分一人でできることに他人を巻き込まない

仕事をしていると、周囲の人の力を借りなければならない場面がたくさんあるものです。会社はチームワークを発揮してこそ大きな仕事をなし遂げることができるのですから、互いに助け合うことが大切なことはいうまでもありません。

しかしその一方で、**人の力を借りるべき場面と、自分でチャレンジすべき場面をとり違えないように注意する**ことも必要でしょう。

たとえば、上司から「海外にメールを送っておくように」と指示されたとしましょう。このとき、「英語が得意な同僚に書き方を聞けばいいや」と思う人は、いつまでたっても自力で英文メールを書けるようにはなりません。自分で書いてみて、どうすれば相手に伝わるのか試行錯誤してこそ、英語でコミュニケーションができるようになるための第一歩を踏み出せるのです。

これは、どんな仕事にも共通していえることです。自分で挑戦してみようという姿勢がない人、いつも「できる人に聞けばいいから」と考えて何度も同じ質問をする人は、**成長する機会を自らつぶしている**ことになります。

また、「人に頼ればいいや」という姿勢だけでなく、「自分だけでやってはいけない」とブレーキをかける姿勢も、ときに大きなチャンスをつぶすことに注意してください。

たとえば、通常は接点のない、隣の事業部の部長に何らかの説明をしに行く必要が生じたとします。このような場合、多くの人は「あの事業部長のことはよく知らないし、自分一人で行くわけにはいかない。ここはうちの部長も一緒に行ってもらわないと……」などと考えるようです。

しかし、説明すべき内容を自分できちんと話せるなら、間に人を立てる必要はないはずです。何より、**自分で直接話をしに行けば、これまで接点がなかった事業部長と**

ありません。

新たに関係を作ることができるのです。このような場面で、自分一人で行かない手はありません。

こうした考え方は、組織のなかではときに浮いて見えることもあるでしょう。「やはりそこは部長同士が話すべきなのでは?」という考え方があることもわかります。

しかし、ちょっとした仕事までさも大ごとであるかのように扱ったり、一人でもフットワーク軽くとり組めるはずのことに、いちいち上司を巻き込んだりしていると、**目の前にあるチャンスをつかみ損ねることになりかねません**。

自分の力を伸ばしていきたいなら、自分でできることはブレーキをかけずにどんどん進めていったほうがいいと私は思っています。

45

相手の期待をつねに上回る

私は昔から、「相手の期待を超えるにはどうすればいいか」ということを考えて、物事にとり組んできました。

たとえば、三菱商事に入社して1年目に出向した会社で「100社回り」をしたことは前に述べましたが、そのとき私は、100社の名刺を集めるだけでは終わらせず、そのうちの数社で契約をとってきました。

「100社回ってこい」と言われると、多くの人は名刺を100枚集めることを目的にしてしまいます。しかし、新人に100社回りを課している本来の目的は何なのかを考えれば、「自分の足で新規顧客を開拓して契約をとってくる力があるかどうか」「会社の売上に貢献できるかどうか」が問われていることがわかります。

私は100社回りをするときに、「本来の目的」と「その目的のために、相手（先輩社員）が自分に期待していることは何か」を考え、それを上回る結果を求めて数社の契約をとってきたわけです。

仕事では、指示されたことをそのままこなすのではなく、**必ず「本来の目的」や「その目的を達成するために自分が何を期待されているか」まで掘り下げて考え、その期待を超える結果を出すつもりでとり組むことが大切だと思います。**

ちなみに、**「相手の期待を超える」ことで、ときには物事を自分の流れにとり込んでいくこともできます。**

私が三菱商事に入社した当時に配属された部署では、新人は歓迎会の際につぶれるまで飲まされるのが恒例になっていました。そこで歓迎会の日、私は「それじゃあ、飲ませていただきます」と言ってグラスを10個以上並べ、ビールを注ぎ、「いただきます！」と次々にグラスを空けていったのです。

不思議なもので、「飲ませてやろう」と思っていたはずの先輩たちは、私が自分からどんどん飲んでいくうちに、「お前、飲み過ぎだろう」と止めに入ってきました。

期待を超える飲みっぷりを見せられたことで、調子を崩されてしまったのでしょう。

そこですかさず「いやいや、先輩こそ飲んでないんじゃないですか」とビールを勧めていったところ、結局、先輩たちも一緒に酔いつぶれてしまったのでした。

これは**「相手の期待を超えてびっくりさせたい」という気持ちからやったことでしたが、先輩たちに私のことをおもしろがってもらえるきっかけになった**ように思います。

相手の期待を超えることは、ゲームの流れを自分のほうに引き寄せたり、相手のなかにある自分の印象を変えたりする効果もあるのです。

46
心から「やりたい」と思うことには必ずチャンスがひそんでいる

三菱商事に入社して最初に配属された部署で、私はＣＤの製造に関わる仕事をしていました。当時はＣＤの材料となるポリカーボネートの輸出入からＣＤを製造する機械の工場への導入までさまざまな業務を担当していたのですが、多岐にわたる仕事のうちの一つに、ＣＤ製造の受注営業がありました。

私が入社した当時は、音楽配信サービスなど世の中になく、インターネットの本格的な普及が始まってコンテンツ配信が注目され始めたばかりの時期。ＣＤの営業先はレコード会社がメインでした。

ＣＤ製造の受注営業という与えられた仕事で成果を出す一方、私は自分が「やってみたい」と思った仕事にもチャレンジしました。当時のエイベックスの依田会長に音楽配信システムの提案をしに行ったのです。三菱商事に入社して3年目のことでした。

その頃の私の仕事は前述の通り、音楽配信とは何の関係もありませんでした。それどころか、音楽配信はCDの営業の足を引っ張りかねません。たとえていえば、製紙会社の営業担当者が出版社に書籍の電子化事業を提案しに行くようなものですから、周囲は「鳩山はいったい何をやっているんだ」と思っていたことでしょう。

それでも、私には「音楽配信ビジネスをやってみたい」という強い思いがありました。上司には、「CDの製造ばかりやっていても将来性はない。これからインターネットが本格的に普及するはずですから、音楽配信のような新規事業に挑戦していくべきです」と訴えて話をつけ、あまり面識のなかった依田会長に約束をとりつけて、話をしに行きました。

上司も連れず、入社2、3年目の若造がエイベックスのトップに提案しに行くというのは、会社員としては常軌《じょうき》を逸《いっ》した行動だったといえるかもしれません。

しかし、その提案は実を結び、私はエイベックスに出向して音楽配信ビジネスやインターネット関連ビジネスを一緒に立ち上げることになったのです。

その後、１９９９年12月から２００３年6月までの3年半、エイベックスの仕事に全身全霊を傾けてとり組んでいくことになりました。

もしも私が与えられた仕事だけに注力していたら、エイベックスへの出向も、インターネット関連ビジネスへの挑戦も起こりえなかったでしょう。

もちろん、当時の三菱商事の上司や依田会長が私に「やってみろ」と言ってくれたことは、今思えば本当に恵まれていたと思いますし、その点では「運よくチャンスを与えられた」という見方もできます。

しかし、そのチャンスが巡ってくるきっかけを作り出したのは、私自身だと思っています。私は、誰もやっていないことに挑むことで、チャンスをつかんだのです。

47

失敗から貪欲に学ぶ

エイベックスではさまざまなプロジェクトを手がけましたが、失敗も数多くありました。なかでも私が2年以上かけてとり組んだキャラクタービジネスは、最も大きく失敗したプロジェクトの一つです。

そのプロジェクトは、イスラエルのＩＴ企業と組んで３Ｄでキャラクターが動くソフトウエアを作り、そのキャラクターを商品化しようというものでした。依田会長からプロジェクトの承認をもらうとき、「このビジネスのポテンシャルはどれくらいあるのか」と聞かれて、「無限大です！」と答えたことを覚えています。

しかし、２０００年にいよいよプロジェクトがスタートすると、次々に難題が降りかかってきました。まず、イスラエルのＩＴ企業で開発の主力となっていたメインプログラマーが戦死。その後、ITバブル崩壊で相手企業の経営が傾くと、開発がストップしました。さらに、2001年9月11日に起きたテロによってイスラエルに渡航することすら難しくなり、一時はプロジェクトが完全に宙に浮いてしまったのです。

現地のプログラマーの協力を得ながら何とか商品化までこぎ着けましたが、結局、プロジェクトを完遂したのは2003年のことでした。情熱を持ってやり遂げたものの、プロジェクトは大失敗といわざるをえません。

振り返ってみると、「依田会長はあれほどひどい状態になっていたプロジェクトをよく最後までやらせてくれたな」と頭が下がる思いです。

しかし、私自身はこのプロジェクトを「よいチャレンジだった」と感じています。**傍から見れば大失敗でも、私のなかに「失敗だった、やらなければよかった」といった思いはありません。**

というのも、プロジェクトを通じて私は多くの経験をし、貴重な学びを得たからです。このプロジェクトはIT事業とキャラクターのライセンス事業をかけ合わせたもので、このとき私は初めてキャラクターのライセンスビジネスについて学び、ゼロから立ち上げる経験をしました。**この経験が、のちにサンリオの仕事で花開いたのです**。

大失敗に終わったプロジェクトですが、エイベックスのなかに、このプロジェクトをきっかけに、キャラクター事業部の主力として、アーティストのグッズなどを手がけるようになっていく人材も育っていきました。

失敗のなかにも、学びや次のビジネスの種はあるものです。「失敗だった」とくよくよするより、そこから何かを得ること、経験を次のチャンスに活かしていくことが大切なのだと思います。

48

無駄に思えることこそ、深く掘り下げて学んでおく

よい仕事をするにはチームワークが重要なことはいうまでもなく、「その道のプロ」の手を借りなければなしえない仕事も少なくありません。

しかしプロの手を借りるといっても、「自分ができないことをプロに頼んでいるのだから、任せきりにしていい」と考えていると、よい仕事ができるようにはなりません。少なくとも、プロに的確な指示を出したり、対等に議論できるくらいの知識をつけることが必要です。**そのためには、何事も人に丸投げにせず、自分の手を動かして勘所《かんどころ》をつかもうとする姿勢が求められます。**

たとえば、私がエイベックスでイスラエルのＩＴ企業と組んでソフトウエア開発にとり組んだときは、システム開発やコンピュータ言語、アプリケーション制作などに

ついて相当勉強しました。開発が止まってしまったとき、その理由を知ってエンジニアと対策を話し合うためにはある程度の知識をつける必要がありましたし、日本人のエンジニアとユダヤ人のエンジニアの間に立って意思疎通を図る役目を果たせるのは私しかいなかったからです。

もしも「私にはシステムのことはよくわからない、プロなんだから何とかしてくれ」と丸投げして、相手が「無理です、できません」と言えば、そこでプロジェクトをあきらめるしかなくなってしまったでしょう。

難航するプロジェクトを前に進めていくために、私は個別具体的な細かい問題の原因を理解しながら、プロジェクトの全体像を見通して的確な指示を出すことも求められていました。そこをクリアできたからこそ、大失敗と呼ばれたプロジェクトでも、完遂できたのだと思っています。

どんな仕事も、現場で起きている問題そのものを解決するプロセスに踏み込まなければ、先に進めない場面があるものです。

「細かいことはわからないから」などと人任せにせず、自分が現場に入って仕事を進めていくことが、実行力、達成力を引き上げることにつながるのです。

特に若いうちは、苦労は買ってでもしておいたほうがいいと思います。**私自身、20代の頃、プロジェクトの現場を経験しながら、ときには三日三晩も寝ずに夢中になってシステムの開発やコンピュータ言語などの勉強をしたことは、今でも大いに役立っています**。

それらに限らず、20代で勉強し蓄えた知識や経験が、30代の仕事に厚みをもたらしていると感じる場面は少なくありません。

特に20代の方には、**「無駄かもしれない」と思えることでも深く掘り下げて学んでおく**ことをお勧めします。睡眠時間を削るなど多少の無理も利く世代のうちに、勉強に時間を割き、より多くの知識を詰め込んでおいたほうがいいと思います。

もちろん、勉強は何歳になっても続けるべきです。私も、新しい仕事にとり組むときは、基本書と呼べそうな本を何冊か読んで基礎知識をつけています。

若いうちに仕事の基礎力となる知識を貪欲に学び、さらに年齢や関わる仕事に応じて必要となるスキルを身につけながら、つねに次のステップを目指して成長し続けたいと思っています。

49 自分の手柄にこだわらない

「仕事の手柄を上司にとられて悔しい。どうすればいいですか？」と質問を受けたことがあります。その質問に、私は「そもそも『誰の手柄なのか』といった視点で、仕事を見ないほうがいいと思いますよ」と答えました。

たとえばある新商品がヒットしたとして、それがたった一人のお手柄ということはまずありません。

仕事はチームでやるものです。商品を企画した人は「私が立てた企画がヒットしたのだ」と思うかもしれませんが、その企画を形にした開発者、商品の名前を決めた人、開発予算を獲得した人、流通チャネルを開拓した人など、実際には多くの人が関わっているはずです。

さらにいえば、新商品がヒットした場合、会社の業績が上がって世間から高い評価を得るのは、トップである社長です。組織の構造上、仕事の評価は上に立つ人が得るものなのです。

「上司に手柄をとられてしまう」というのは、プロジェクトの全体像が見えておらず、自分の仕事だけを見ているからこそ生じる不満でしょう。

「自分の手柄」にこだわることは、独りよがりな仕事につながりがちです。

仕事はチームでやるものであることを忘れず、高い視点を持って**「プロジェクトそのものの成功のために自分が何をやれるか」を考えて動くことが、結果を出すことにつながっていくのです。**

50

「自分と関係がないもの」の優先順位を上げる

私は、石倉洋子先生のゼミに参加し、石倉先生から多くの教えを受けました。そのなかで特に強く印象に残っているのは、**「なるべく自分から遠いものの優先順位を上げなさい」**という教えです。

学生時代は、石倉先生のこの言葉の意味を深く理解することはできませんでした。しかし社会人になると、毎日の生活で接する人たちが仕事関係や自分の興味の範囲に限られてしまいがちなことに気づきました。社会人になって仕事に邁進していると、「この1週間は仕事関係の人にしか会わなかった」「ふだん接しているのが自分の会社の人ばかりだ」ということもよくあるものです。

このような状況を放置していると、どんどん人間としての視野や幅が狭くなり、思考も広がらなくなってしまいます。イノベーションは、多様性のなかからしか生まれません。石倉先生は、人間の幅を広げてイノベーションを起こしていくには、**意識的に「自分とまったく関係ないもの」の優先順位を高くすることが必要だ**ということを教えてくださっていたのです。

私は、**「自分から遠いものの優先順位を上げる」ためのポイントは、時間の使い方を意識することにある**と思っています。

働き盛りの方なら、放っておけば仕事のことだけでどんどんスケジュールが埋まっていくはずです。

より効率的に仕事をこなすことだけを考えるなら、「会社のなかにいて目の前の問題に集中してとり組んだほうがいい」ということにもなるでしょう。

しかし、会社にこもって仕事のことばかり考えていては、世間のことも外部から見た自分の姿も見えにくくなっていくものです。

ですから、**意識的に仕事とまったく関係がない人に会う機会を作ること、そのために時間を割くことが必要なのだと思います。**

たとえば、私は今アメリカに住まいがあり、体調管理のために時々、現地のカイロプラクティックに通っています。そのカイロプラクティックの先生から、あるとき「息子が日本の大学に通い始めたので、一度会っていろいろと話をしてくれませんか」と頼まれたことがありました。

その頃はちょうど重要な案件が佳境を迎えていたタイミングでしたから、仕事優先で考えるなら先延ばしにする選択肢もあったかもしれません。しかし、私は早々にその息子さんと連絡をとり、仕事で日本に戻ったときに会う約束をしました。

実際に会ってみると、やはり思いがけないアイデアが何かとわいてくるものです。最近の大学生の思考の一端を知ることは、ものを売る立場として参考になりましたし、新卒採用のやり方を考えるうえでヒントになることもたくさんありました。

読者のみなさんには、**一度、自分が1週間の間にどんな人に会ったかをリストにしてみることをお勧めします。**「仕事関係の人や、自分の興味・関心のある範囲の人に限られているな」という方は、「自分から遠い人」と接する時間を意識的に作ってみてはいかがでしょうか。**その積み重ねが、3年、5年、10年とたつにつれ、想像もつかないほどの「人間の幅」になるのではないかと思います。**

51

リーダーでなくてもリーダーシップを発揮する

リーダーシップについては、「人の上に立つポジションにある人がとるものだ」と捉えている方は少なくないでしょう。しかし私は、リーダーシップは立場に関係なく、さまざまな場面で発揮できるものだと思っています。

たとえば飲み会一つとっても、企画して盛り上げる役割を担えば、たとえ新人であっても、その場を動かす「主役」であり、リーダーシップを発揮しているといえます。

会議の場でリーダーシップをとるのも、必ずしも役職が上の人や司会者とは限りません。さらにいえば、リーダーシップを発揮する人が一人であるとも限りません。

また、会議で企画案について話し合っているとき、Aさんが「私はX案の方向でまとめていくべきだと思います」などと発言すれば、それは会議をリードしていることになります。あるいは、別の人が「Aさんに任せていったん企画を形にしましょう」というように発言することも、会議の方向性を示してリーダーシップをとっていることになります。

リーダーシップという言葉には「物事を引っ張っていく」というイメージがつきまとっていますが、これはリーダーシップの一側面に過ぎません。物事の方向性を示す役割を担うとき、人は誰でもリーダーシップをとっているといえますし、リーダーシップを発揮するためにポジションは必要ないのです。

リーダーシップの考え方を変えると、仕事の場で物事の方向性を決めているのは、必ずしも上層部ではないことに気づきます。

組織の構造上は下の層にいる人たちこそ、ドライバーとなりエンジンとなってビジネスを動かしているものですし、そのことを意識してリーダーシップをとっていれば、ポジションに関係なく、どんな仕事でも楽しんでやれるようになるでしょう。

私も20代の頃から役職などは一切考えず、**どんな場でも参加している以上は自分の**

考えをきちんと述べ、自分の立場でリーダーシップをとるようにしていました。

もう一つ、リーダーシップを発揮するうえで意識したいのは、「**言うだけでなく、必ず自分がやってみせること**」です。リーダーシップは、コミットメントを伴ってこそ意味を持ちます。

シンプルにいえば、リーダーシップとは、「**率先してとり組むという気持ちを持って自ら方向性を示し、それを最後までやり遂げること**」なのです。

52 パッションと仕事を結びつける

仕事で壁にぶつかり、悩んだり迷ったりしている人と話をするとき、私はよく「**あなたが本当にやりたいことは何ですか？**」と尋ねます。

それは、自分のパッションと仕事を結びつけることが、自分を鼓舞《こぶ》し仕事に邁進するための原動力になるからです。

しかし、「本当にやりたいこと」を問われても、表面的な答えしか返せない人は少なくありません。答えに窮《きゅう》して、「今、担当している仕事を突き詰めていきたいと思っています」などと逃げてしまう人もいます。

ここで大切なのは、優等生のように回答することではありません。

自分を突き動かしているものは何なのかなど、「ほかの人が飲みに行ったり寝たりしている時間に、自分は一歩でも二歩でも先へ進みたい」と頑張れる理由を自分のなかで明確化するのです。それができていないと、その大事な一歩、二歩は踏み出せないものです。そこに気づかなければ悩みも迷いも解消することはありませんし、逆にいえば、自分の原動力となるものに気づくことさえできれば、人生はずいぶんと歩みやすいものになると思います。

私は、世の中では「自分がやりたいこと」が軽視されているように感じています。「自分はこれがやりたいんだ」と思ったり、「こういうのって、いいな」と感じたりすることを主張することに対して、多くの人に遠慮があるように思うのです。

読者のみなさんには、ぜひ一度、自分に「本当にやりたいことは何か」を問いかけてみてほしいと思います。自分が素直にうれしいと思えることは何か、どういう場面でなら力を発揮できそうか、洗いざらい自分の思いを書き出してみてください。

そして、**そのことに覚悟を決めて、思いっきりコミットしてみてください。あとは気合いで最後までやり抜くのです。**

私自身の原動力となっているのは「40歳と3カ月までに、一歩でも先に進み、何かをなし遂げたい」という思いです。

私の父は、海外出張中に過労で倒れ、40歳と3カ月で亡くなりました。私が高校2年生のときのことです。この経験のためか、私はずっと「40歳と3カ月で自分の人生が終わってしまうかもしれない」という思いをぬぐい去ることができません。

仕事で大きな結果を出せたときの興奮、その高揚感をまた味わいたいという思いなどもありますが、根源的には、死への恐怖と、「40歳までに何かを達成しなければ」という焦燥感が私を突き動かし、ここまで来ることができたのではないかと思っています。

第6章のまとめ

- ☑ 受け身で仕事をしていては成長しないし、よい結果も出せない
- ☑ 「この仕事の最終的な目的は何か」「その目的のために自分ができることは何か」をつねに考える
- ☑ 仕事をふられる立場にある人は、自分が何らかの機会をもらっているのだということを意識すべき
- ☑ 自分一人でできることは率先してやる
- ☑ 現場やプロに仕事を丸投げしない
- ☑ 「自分とまったく関係ないもの」の優先順位を上げる
- ☑ 1週間でどんな人に会ったかをリストにして、偏りをなくす
- ☑ リーダーシップを発揮するうえで大事なのは、まず自分がやってみせること

おわりに

名前を見てお気づきの方もいらっしゃるかもしれませんが、私は多くの政治家や学者を輩出してきた鳩山家の一員として生まれました。自由民主党初代総裁であり、内閣総理大臣を務めた鳩山一郎が、私の曽祖父《そうそふ》にあたります。

子どもの頃の夢は、総理大臣になることでした。私だけでなく、親もいとこもみんな子どもの頃は、「総理大臣になりたい」と言っていたそうです。多くの子どもが「野球選手になりたい」と言うのと同じような感覚で、「大臣になりたい」と言うのが自然な環境だったのです。

しかし、「名門」といわれる家に生まれはしましたが、私は順風満帆で安定した人生を歩んできたわけではありません。

子どもの頃は「お坊ちゃま」と呼ばれて勉強ばかりしていましたが、高校2年生のときに父が急死すると、親族の間でさまざまな問題が起きました。父の亡き後、苦労する母の姿を見るのはつらく、勉強に身が入らなくなって生活も荒れていきました。成績はどんどん落ち、大学には浪人して入りました。

大学時代には、人生の師ともいうべき石倉洋子先生との出会いに恵まれました。マーケティングや戦略論におもしろみを感じるようになり、卒業後はマーケティングの道に進むつもりで就職活動に臨み、第一志望だったP&Gのマーケティング職に内定。新卒は年に一人しか採用しない職種でしたから、「限られたチャンスを自分の力でものにした」という思いがありました。

しかし、私が三菱商事などほかの会社からも内定を得ると、母は「絶対に三菱商事に行ってほしい」と言いました。亡くなった父は三井物産の商社マンでしたから、母は私に同じ道を歩んでほしいと思ったのでしょう。母の願いを裏切ることができず、私は三菱商事に入社することになりました。

その後、エイベックスへの出向やハーバードビジネススクールへの留学、そしてサンリオへの転職という道を歩んできたことは、本書で述べてきた通りです。

私自身は、紆余曲折あるなかで自ら学び、チャンスを作り出し、それをものにしながら道を切り開いているという自負を持ち続けてきました。

しかし、以前はよく何事につけて「鳩山だから……」と言われたものです。サンリオに転職したときも、多くの人から「鳩山家と何か関係があるんですか？」と聞かれました。もちろん、サンリオと鳩山家には何の関係もありません。

正直にいえば、こうした周囲の反応にはずっと悔しい思いをしてきました。

しかし、多くのことにチャレンジしてサンリオの再生などで結果を出してきたことで、最近は「鳩山だから……」という言葉を聞くことも少なくなりました。私もやっと、「鳩山家の一員である自分」を消化できるようになったように思います。

私が、「自分がこれまでにやってきたことを本にまとめてもいいのではないか」と思うようになった理由のなかには、こうした心境の変化もあったのかもしれません。

もう一つ、「40歳と3カ月」という区切りが目の前に迫ってきたことが、この本を書く大きな原動力となりました。

先に述べたように、私の父は40歳と3カ月で、過労のために出張先のロンドンで急死しています。

父の死を経験したときから、私は自分が「40歳と3カ月」を超えて生きる人生を、なかなかイメージできなくなりました。

「自分の人生は40歳と3カ月で終わってしまうのかもしれない」という焦りにも似た気持ちは消えることがなく、「それまでに一つでも多くの結果を出し、残せるものはきちんと残しておきたい」という思いで走り続けてきたのです。

父が亡くなったときは、「会社勤めなんかするものか」と思っていましたが、今、自分が会社に勤めて、仕事に邁進しているのも不思議に感じます。

そして、結婚して子どもを持ってからは、頭の片隅でいつも「私が子どもたちに残せるものは何か」と考えるようになりました。

この本は、39歳の今の私が「残せるもの」は何か、考えながら書き上げました。

書いている間、「私に万が一のことがあっても、40歳を前に私が何を考え、どんなことに苦しみ、何を楽しみ、どう人生を切り開いていたか、これで3人の子どもたちに残しておける」と考えている自分がいました。

ですから、ここに書いたことは、実は私がこれから成長していく子どもたちに強く伝えておきたいと願うメッセージでもあります。

このメッセージに、自分の成長や社会への貢献を願う多くの方にとって、少しでも参考になる点があれば、筆者としてこれにまさる喜びはありません。

最後に、若造の私に大きなチャレンジをさせてくださった辻信太郎社長、辻邦彦副社長に、この場を借りて、心よりお礼を申し上げたいと思います。

２０１３年11月　鳩山玲人

著者／鳩山玲人（はとやま れひと）
1974年生まれ。㈱サンリオの常務取締役。青山学院大学国際政治経済学部を卒業後、三菱商事に入社。エイベックスやローソンなどでメディア・コンテンツビジネスに従事。その後海外に渡り、2008年にハーバードビジネススクールでMBAを取得。同年、サンリオに入社し、10年に取締役事業戦略統括本部長に就任。現在、経営戦略統括本部長、海外統括事業本部長、全社統括・新体制準備室長を担当。サンフランシスコ在住。

装丁	デジカル（萩原弦一郎）
本文デザイン	デジカル（玉造能之）
写真	松尾成美
DTP	中央制作社
図版	美創
編集協力	千葉はるか

桁外れの結果を出す人は、
人が見ていないところで何をしているのか

2013年12月10日　第1刷発行
2018年 6 月30日　第6刷発行

著　者　鳩山玲人

発行者　見城徹

発行所　株式会社 幻冬舎
〒151-0051　東京都渋谷区千駄ヶ谷4-9-7
電話　03(5411)6211(編集)　03(5411)6222(営業)
振替　00120-8-767643

印刷・製本所　中央精版印刷株式会社

検印廃止

ISBN978-4-344-02499-1　C0095

幻冬舎ホームページアドレス　http://www.gentosha.co.jp/
この本に関するご意見・ご感想をメールでお寄せいただく場合は、
comment@gentosha.co.jpまで。